Friedrich Koldewey

**Der Exorcismus im Herzogtum Braunschweig seit den Tagen der Reformation**

Friedrich Koldewey

**Der Exorcismus im Herzogtum Braunschweig seit den Tagen der Reformation**

ISBN/EAN: 9783743389458

Hergestellt in Europa, USA, Kanada, Australien, Japan

Cover: Foto ©ninafisch / pixelio.de

Manufactured and distributed by brebook publishing software (www.brebook.com)

Friedrich Koldewey

**Der Exorcismus im Herzogtum Braunschweig seit den Tagen der Reformation**

Als das Christentum aus dem „Schatten des Judentums" heraus seinen siegreichen Einzug in die griechischrömische Welt hielt, war noch immer der Olymp und die lebendige Natur dem Glauben des Volkes bevölkert mit Göttern und Gottheiten, die bald im hülfereichen Beistande, bald durch schädigenden Neid und verderbliche Eifersucht ihren Einfluſs auf die Schicksale des Menschenlebens geltend machten. Ihre Existenz zu leugnen, lag nicht im Wesen der Zeit; hatte doch der groſse Apostel selber ihnen ihr Dasein belassen.¹) Daſs sie ihre weltenregierende und schicksallenkende Stellung beibehielten, widersprach dem monotheistischen Gedanken des Christentums. Ihnen eine Stelle im Heiligenhimmel anzuweisen, wie es eine spätere Missionspraxis der Kirche that, ging bei dem dermaligen Mangel des Heiligendienstes nicht an. Und da das Heidentum dem jungen Christentume allerorten heftigen Widerstand entgegenbrachte, so dachte man sich den Kampf als einen Streit des Herrn gegen die Götzen, als einen Krieg Christi gegen feindselige geistige Gewalten. Der Sieg des Christentums galt als ein Sieg des Lichtes über die Mächte der Finsternis. Und hieraus entwickelte sich bald die Ansicht, daſs, wer nicht Christum zum Herrn habe, notwendig dem Teufel und seinem Anhange angehöre.

Wer also in die Reihen der Jünger Christi aufgenommen werden wollte, muſste den dämonischen Gewalten entsagen. Infolgedessen bildete sich in der Taufpraxis der alten Kirche gar bald der Brauch, daſs der Katechumene vor der Taufe öffentlich und feierlich dem Teufel und sei-

¹) 1. Kor. 8, 5.

nem Dienste entsagte. Doch die Macht der Dämonen ist stärker, als der Wille der Menschen. Und da zumal des Priesters Mund, dem Beispiel des Herrn gemäfs, Macht hatte über die dunkeln Mächte, so verbot sein drohendes Wort ihnen zuvor die Stätte des bisherigen Wirkens[1]). Galt dieses für Erwachsene, so hielt man Kindern gegenüber, die eine solche Entsagungsformel nicht selber ablegen konnten, und die infolge der Erbsünde, solange sie noch nicht getauft waren, gleichfalls als Eigentum des Teufels angesehen wurden[2]), für nötig, dafs der taufende Priester dem bösen Geiste mit drohendem Gebete ein ferneres Verweilen bei dem Kinde verbot und ihm die Rückkehr untersagte, während die Paten, als die Vertreter des noch unmündigen Kindes, in dessen Namen auf den Dienst der Finsternis Verzicht leisteten[3]). In dieser Zeit der Entwickelung, die mit Augustin beginnt, hatten sich an die einfache Handlung der Taufe, wie sie der Herr bei seinem Scheiden von der Welt den Seinen befohlen hatte, eine ganze Reihe von symbolischen Handlungen und Ceremonien angesetzt[4]). Mannigfach gestaltet in den Kirchen des Orientes und des Abendlandes, ist die Ausprägung der Taufhandlung, wie sie die katholische Kirche des Mittelalters von den früheren Jahrhunderten überkommen hatte, einerseits mafsgebend für die Gestaltung der Liturgie des protestantischen Taufaktes geworden, andererseits hat sie mit geringen Abweichungen und Kürzungen[5]) Aufnahme

---

[1]) Siehe: Johann Melchior Krafft, ausführliche Historie vom Exorcismo oder von dem Gebrauch bey der Kinder-Taufe dem unreinen Geist zu gebieten auszufahren und ihn zu beschwören. Hamburg 1750. Ferner den Artikel Exorcismus in Herzogs Realencyclopädie, 2. Aufl., Bd. IV, pag. 456 ff.

[2]) Dieses geschah besonders, nachdem Augustins Ansicht von der Erbsünde, welche er in seinem Streite mit Pelagius entwickelt hatte, von der Kirche aufgenommen war.

[3]) Vgl. den Artikel Exorcismus in Herzogs Realencyclopädie a. a. O.

[4]) Das Nähere bei Höfling, das Sakrament der Taufe. Erlangen 1859. Bd. 1, § 98.

[5]) Der Einflufs der Reformation auf die Kürzungen, die in Verein-

in das Rituale Romanum, das noch jetzt der Taufpraxis der katholischen Kirche zu Grunde liegt, gefunden. Als Luther seine reformatorische Thätigkeit begann, behielt er die Form, welche die Vergangenheit dem Taufsakrament gegeben hatte, anfangs einfach bei. Doch da eine seiner Forderungen an den römischen Stuhl darauf hinausging, dafs das Evangelium in der Muttersprache gepredigt und die Formen des Gottesdienstes in deutscher Sprache gehandhabt werden möchten, so mufste er auch darauf dringen, dafs die Vollzugsformeln und Gebete bei der Taufe hinfort bei den Deutschen nicht mehr in der unverständlichen und unverstandenen Sprache Roms in Anwendung kommen sollten. Schon im Jahre 1521 veröffentlichte er daher eine Schrift: „Wie man recht und verständlich täuffen soll, vom Doktor Martino Luther kurtz angezeiget, auf Bitt eines redlichen Bürgermeisters" [1]). Dieselbe bietet jedoch nur eine Übersetzung der Fragen, Anreden und Vollzugsformeln, wie sie damals in Luthers Gegend im Gebrauche waren, und scheint deshalb auf eine Praxis hinzuweisen, welche die Gebete noch in lateinischer Sprache sprechen liefs. Im Jahre 1523 übersetzte er endlich eine der Taufagenden, wie sie in der katholischen Kirche seiner Zeit gebräuchlich waren, ins Deutsche, nicht ohne einige gröfsere Kürzungen und Vereinfachungen eintreten zu lassen[2]). Die Gründe, die ihn zur Herausgabe dieses Taufbüchleins geführt haben, giebt er im Nachworte so an: „Weil ich täglich sehe und höre, wie gar mit Unfleis und

fachung der Exorcismen und des ordo baptismi parvulorum in Anlehnung an den ordo baptismi adultorum bestanden, ist nachgewiesen von Höfling a. a. O. Bd. 2, § 116.

[1]) Luthers Werke, herausgegeben Altenburg 1661. Tom. I. pag. 554. Von G. Kawerau, der das Schriftchen in der Weimarschen Ausgabe der Werke Luthers Bd. 12, S. 49 ff. unter den Schriften des Jahres 1523 zum Abdruck gebracht hat, wird die Autorschaft Luthers stark bezweifelt.

[2]) Luthers Werke, herausgegeben Altenburg 1661. Tom. II. pag. 324. Weimarsche Ausgabe, Bd. 12, S. 38 ff.

wenigem Ernst, will nicht sagen mit Leichtfertigkeit, man das hohe, heilige, köstliche Sakrament der Taufe handelt über den Kindern, welcher Ursach ich achte der auch eine sey, dafs die, so dabey stehen, nichts davon verstehen, was da geredet und gehandelt wird, dünkt michs nicht allein nutz, sondern auch noth zu seyn, dafs mans in deutscher Sprache thue. Und habe darum solchs (wie bisher in Latein geschehen) verdeutscht, anzufahen auf Deutsch zu taufen, damit die Paten und Beystehende desto mehr zum Glauben und ernstlicher Andacht gereitzt werden, und die Priester, so da taufen, destomehr Fleis um der Zuhörer willen haben müssen." Die alten Bräuche und Ceremonien sind noch beibehalten; doch betont Luther, „dafs diese äufserliche Stücke das Geringste sind," „als ist unter die Augen blasen, Creutz anstreichen, Saltz in den Mund geben, Speichel in die Ohren und Nasen thun, mit Oele auf der Brust und Schultern salben, und mit Chresem die Scheitel bestreichen, Westerhemd anziehen, brennende Kertzen in die Hand geben, und was da mehr ist, das von Menschen die Taufe zu zieren hinzugethan ist" [1]).

Namentlich die Rücksicht auf den Landesherrn scheint ihn zu dieser Beibehaltung bestimmt zu haben [2]). Als zwei Jahre später Sachsens weiser Kurfürst seine Augen geschlossen hatte, erschien das Taufbüchlein 1526 in wesentlich anderer Gestalt. Die Menge der symbolischen Handlungen und Ceremonien, welche sich im Laufe der Jahrhunderte um den eigentlichen Kern des Taufaktes herum angesetzt hatten, und von welchen dieser fast erdrückt wurde, verschwand; doch wird der Brauch dem Täufling das Westerhemd anzuziehen beibehalten [3]). Das Nachwort der ersten Ausgabe

---

[1]) Das Nähere über diese Ceremonien und Bräuche und ihre Geschichte siehe bei Höfling a. a. O. Bd. 1, § 98.
[2]) Vgl. v. Elsreich, de Reliquiis Papatus ecclesiae Lutheranae temere affectis.
[3]) Westerhemd = vestis sc. alba. Über den Brauch s. Höfling a. a. O. Bd. 1. § 98. Allmählig kam das Anziehen des Westerhemdes aufser Gebrauch. Die Agende der braunschweigischen Kirchenordnung vom Jahre 1709 schreibt ihn nicht mehr vor und erwähnt auch seine Abschaffung nicht.

hat in der zweiten die Stelle eines Vorwortes erhalten, der Text ist der Weglassung der Ceremonien entsprechend umgestaltet, die Gebete haben eine geringfügige Umformung erfahren. Da diese Ausgabe des Taufbüchleins in der Folgezeit für die Taufpraxis vieler lutherischen Landeskirchen, zu denen auch die braunschweig-wolfenbütteische zählt, von grundlegender Bedeutung wurde, so ist es wohl angezeigt, an diesem Orte auf den Inhalt desselben näher einzugehen und die Gestaltung, die in demselben der heiligen Handlung gegeben wird, darzulegen.

Im Anfange soll der Prediger die Eltern und Paten auf die Pflichten hinweisen, die sie dem Täufling gegenüber zu erfüllen haben, und nach dem zukünftigen Namen des Kindes fragen. Darnach spricht er:

„Fahr aus du unreiner Geist, und gieb raum dem heiligen Geist."

„Darnach mache er jm [dem Täufling] ein Creutz an die Stirn und Brust, und spreche:

„Nimm das Zeichen des heiligen Creutzes, beyde an der Stirn und an der Brust."

Dann folgen zwei Gebete, und darauf spricht der Geistliche:

„Ich beschwere dich, du unreiner Geist, bei dem Namen des Vaters † und des Sons † und des heiligen Geistes †, das du ausfahrest und weichest von diesem Diener Jesu Christi N. Amen"[1]).

Es folgt nun die Verlesung von Marc. 10, 13—16.

Nun legt der Geistliche seine Hände auf des Kindes Haupt, betet das Vaterunser und bringt dann das Kind zur Taufe mit den Worten:

„Der Herr behüte deinen Eingang und Ausgang, von nun an bis zu ewigen Zeiten."

Darnach lässt der Prediger das Kind durch seine Gevattern dem Teuffel absagen und spricht:

---

[1]) Das Kreuz hinter „Vater, Sohn und Geist" soll andeuten, dafs der Geistliche jedesmal nach dem betreffenden Worte ein Kreuz zu schlagen hat.

„N. Entsagestu dem Teuffel?
Antwort. Ja."
„Und allen seinen Werken?
Antwort. Ja."
„Und alle seinem Wesen?
Antwort. Ja."
Es folgt nun die Interrogatio fidei[1]) und die Frage an den Täufling:
„Wiltu getaufft sein?
Antwort. Ja."

[1]) Die Interrogatio fidei lautet: Glaubstu an Gott, den Allmechtigen Vater, Schöpffer Himmels und der Erden?
Antwort. Ja.
Glaubstu an Jesum Christum, seinen einigen Son, unsern HErrn, geborn von Maria der Jungfrawen, gestorben und begraben, nider gefahren zur Helle, am dritten Tage wider aufferstanden von den Todten, auff gefahren gen Himmel, sitzend zur rechten Gottes, von dannen er kommen wird, zu richten die Lebendigen und die Todten?
Antwort. Ja.
Glaubstu an den H. Geist, eine heilige Christliche Kirche, gemeinschafft der Heiligen, vergebung der sünden, aufferstehung des Fleisches, und nach dem Tode ein Ewiges Leben?
Antwort. Ja.
Diese Interrogatio fidei ist denn auch in die Agende der Kirchenordnung des Herzogs Julius vom Jahre 1569 herübergenommen. Eine spätere Zeit, die Form der Interrogatio fidei mit der Recitatio symboli verwechselnd, hat, da schon frühe in den meisten Agenden der lutherischen Kirchen diese die Stelle jener übernahm, das Märlein aufgebracht, als habe sich in das Glaubensbekenntnis dieser Braunschweiger Kirchenordnung ein böser Druckfehler eingeschlichen, indem durch das Ungeschick des Setzers oder die Unachtsamkeit des Korrektors die Worte: der empfangen ist von dem heiligen Geiste — gelitten unter Pontio Pilato — des allmächtigen Vaters in Fortfall gekommen seien; ein Fehler, den erst der Neudruck der Kirchenordnung durch Friedrich Ulrich vom Jahre 1615 beseitigt habe. Von Jansen in seiner Geschichte der Reformation ist diese Sache dem Herzog Julius zum Vorwurf gemacht und von Koldewey (Die angebliche Verstümmelung des apostolischen Glaubensbekenntnisses in der Kirchenordnung des Herzogs Julius. Abgedruckt in den Beiträgen zur Kirchen- und Schulgeschichte des Herzogtums Braunschweig. Wolfenbüttel 1888) klar gestellt.

„Da nehme er das Kind und tauche es in die Tauffe und spreche:

„Ich tauffe dich im Namen des Vaters und des Sons und des heiligen Geistes."

„Dann sollen die Gefattern das Kindlein halten in der Tauffe, und der Prediger spreche, weil er ihm das Westerhemd anzeucht:

„Der Allmechtige Gott und Vater unsers Herrn Jesu Christi, der dich anderweit geboren hat, durchs Wasser und den heiligen Geist, und hat dir alle deine Sünde vergeben, der stercke dich mit seiner gnade zum ewigen Leben. Amen. Friede mit dir.

Antwort. Amen."

In Beziehung auf die Exorcismen ist das römische Vorbild zwar vereinfacht, aber noch immer sind die beiden Exorcismen: „Fahre aus etc." und „Ich beschwöre dich etc.", welche die spätere lutherische Dogmatik, ihrer Vorliebe für genaue Unterscheidung folgend, den kleineren bez. gröfseren Exorcismus zu nennen pflegte, sowie die Abrenuntiatio (Entsagest du dem Teufel etc.) auch in dieser Ausgabe beibehalten und haben infolge der weiten Verbreitung, die dieses Büchlein in der Folgezeit in den Partikularkirchen fand, sich vielfach in die kirchliche Praxis der lutherischen Kirche eingebürgert. Luther, welcher ein sehr lebhaftes Bewufstsein und eine sehr konkrete Vorstellung vom Teufel besafs, und der in jedem Unfall Teufelswerke sah[1]), spricht sich für die Beibehaltung sowohl des Exorcismus als der Abrenuntiatio aus. Er hält für notwendig, „dafs die Kirche bei der Taufe mit so beständigen und ungezweifelten Worten bekennet, der Teufling sei vom Teuffel besessen." Er hält nicht für Scherz, wider den Teuffel zu handeln und denselben „nicht allein vom Kindlein zu jagen, sondern auch dem Kindlein ein solchen mechtigen Feindt sein Lebelang auf den Hals laden." Deshalb sollen die Paten Gott bitten, dass er dem Kinde

---

[1]) Luthardt, Dogmatik pag. 144.

„nicht allein von des Teuffels Gewalt helffe, sondern auch sterke, dafs es möge wider ihn Ritterlich im Leben und Sterben bestehen"[1]).

Einen besonderen Wert scheint Luther, der überhaupt gegen Ceremonien gleichgültig war, wofern das Evangelium recht gepredigt würde, trotzdem der Beibehaltung des Exorcismus nicht beigelegt zu haben. Er hat sich, wenigstens in seinen späteren Schriften und Briefen, über diese Angelegenheit nicht weiter geäufsert, so dafs, als sich in der Folgezeit innerhalb der jungen Kirche die Rufe für und wider das Teufelaustreiben bei der Taufe erhoben, keine der streitenden Parteien beachtenswerte Stützen in Luthers Vorgange finden konnte. Zudem war schon zu Luthers Lebzeiten in einer Reihe von lutherischen Stadtgemeinden und Staaten, zumal in Süddeutschland — hier allerdings nicht ohne Einflufs der reformierten Theologen — der Exorcismus in Wegfall gekommen, und Luther hat dazu geschwiegen. Beides ein Beweis, dafs dem Reformator diese Sache von untergeordnetem Werte und geringer Bedeutung erschienen ist. Melanchthon zudem war der Abschaffung dieses papistischen Brauches durchaus nicht abgeneigt.

Die reformierte Kirche erhob von Anfang an entschieden ihre Stimme gegen den Exorcismus, da die Kinder der Christen als solche von ihrer Geburt an im Reiche Gottes ständen. So sagt z. B. Calvin in seinem dogmatischen Hauptwerke: Infantes nostros, antequam nascantur, se adoptare in suos pronuntiat Deus, quum se nobis in Deum fore promittit seminique nostro post nos. Hoc verbo continetur eorum salus. Nec quisquam in Deum tam contumeliosus esse audebit, ut eius promissionem effectui suo sufficere per se neget. — Accedit postea sacramentum sigilli instar, non quod efficaciam Dei promissioni, quasi per se invalidae, conferat, sed eam duntaxat nobis confirmet. — Non ideo baptizantur fidelium liberi, ut filii Dei tunc

---

[1]) Aus der Vorrede des Taufbüchleins vom Jahre 1526.

primum fiant, qui ante alieni fuerint ab ecclesia, sed solemni potius signo ideo recipiantur in ecclesiam, quia promissiones beneficio iam ante ad Christi corpus pertinebant[1]).

Aber gerade dadurch, dafs man auf der reformierten Seite leugnete, baptismum esse de necessitate salutis, und infolgedessen den Taufexorcismus verwarf, sahen sich die lutherischen Theologen veranlafst, gröfseren Wert auf die Beibehaltung desselben zu legen und den Grundsatz in Anwendung zu bringen, dafs man auch in „Mitteldingen" den Feinden nicht weichen dürfe, um nicht den Schein zu erwecken, als billige man die falschen Meinungen der Gegner. In dem Exorcismus erblickte man eben einen energischen Ausdruck der Taufgnade auch für Christenkinder und das entschiedene Zeugnis gegen den Wahn, dafs dieselben schon vermöge ihrer Abstammung von Christeneltern im Reiche Gottes ständen. Zeugnisse der Kirchenväter, zumal Cyprians und Augustins, sowie mirakulöse Erfahrungen bei dem Aussprechen des Exorcismus, dienten vielen Theologen, z. B. Justus Menius[2]), Tilemann Heshusen u. a., als tiefere Begründung eines leiblichen Besessenseins, während die bedeutenderen Theologen, nament-

[1]) Calvin, Inst. Rel. Christ. IV, 15, 20. 22.
[2]) So schreibt Justus Menius:
„Die Worte des Exorcismus, „dieses ernstliche Gebet und Bedräuung auf Gottes Befehl, in seinem Namen und auf seine Verheifsung geschehen, kann der böse Geist gleichwohl nicht verachten, sondern mufs sich dafür fürchten, erschrecken und weichen. wie nicht allein die Historie der heiligen Evangelien, sondern die tägliche Erfahrung in der heiligen Taufe bezeuget; wie denn alle christlichen Prediger, so mit Ernst und Andacht taufen, sehen und befinden werden, dafs sich an und im Kindlein, weil die Worte des Exorcismus gesprochen werden, sonderliche gestus und geberden erregen und hören lassen." Justus Menius, Vom Exorcismo, dafs der nicht als ein zauberischer Greuel zu verdammen, sondern in der gewöhnlichen Aktion bei der Taufe mit Gott und gutem Gewissen wohl behalten werden möge. Erfurt 1551.
Wieder abgedruckt in „Etlichen Traktetlein vom Exorcismo, das dieser ohne verletzung des gewissens bey der Tauffe wol mag gebraucht und behalten werden." s. L. 1590.

lich Chemnitz, sowie die Dogmatiker des folgenden Jahrhunderts, in den Exorcismen nur succinctas et utiles declarationes et commonefactiones, ponentes ob oculos doctrinam, efficaciam et usum baptismi[1]) sahen und der Kirche die Freiheit zugestanden, die Lehre von der Erbsünde, von der Gewalt und dem Reiche Satans und von der Kraft der heiligen Taufe mit anderen schriftmäfsigen Worten zu erklären, auch mit einhelligem Consens diese Beschwörung des Teufels gänzlich abzuschaffen[2]). Nun aber stützten sich in jenen Tagen die Gegner des Exorcismus, die innerhalb der lutherischen Kirche mit aller Entschiedenheit auf die Abschaffung desselben drangen, auf Gründe, welche in der reformierten Kirche ihre Ausprägung erhalten hatten, und da sie auch sonst in der Lehre, wenn nicht gar ein offenes Bekenntnis, so doch eine verdächtige Hinneigung zum Calvinismus zeigten, so wurde dieser Teil der Taufliturgie zum Streitobjekt in der Kirche Luthers, und der Kampf für und wider den Exorcismus erhielt auf lange Zeit hin eine gewisse konfessionelle Bedeutung.

Auch innerhalb der Grenzen des Herzogtums Braunschweig war schon frühe der Exorcismus heimisch geworden, und der Streit über ihn hat die Gemüter und Federn der Theologen lange Zeit in lebhafte Bewegung gesetzt. Die Aufgabe der folgenden Blätter soll es sein zu zeigen, wie unsere Väter über diesen Brauch gedacht haben, der für die Gegenwart fast gänzlich seine Bedeutung verloren hat[3]). Dabei wird die Abrenuntiatio, welche bei allen den Streitigkeiten, die der Exorcismus hervorrief, nicht sonderlich mit berührt wurde und erst in einer Zeit, die der Gegenwart nicht allzufern liegt, mehr und mehr in Fortfall gekommen ist, in der folgenden Darstellung keine nähere Berücksichtigung finden.

---

[1]) Chemnitz, Loci theologici III. pag. 391 ff.
[2]) Gerhard, Loci theologici IX. 312.
[3]) Die Berliner Hof- und Domagende vom Jahre 1822 brachte ihn wieder in Erinnerung und, wenn auch verkürzt, in Gebrauch.

Die Stadt Braunschweig[1]) hatte sich infolge ihrer eigentümlichen Stellung als Gesamtbesitz des Welfenhauses gegen Ende des Mittelalters den einzelnen Linien dieses Hauses gegenüber eine fast unabhängige Stellung zu erwerben und zu bewahren verstanden. Obwohl daher im Schlosse zu Wolfenbüttel die alte Lehre in Heinrich dem Jüngeren einen eifrigen und waffenmächtigen Freund besafs, hatte die Stadt sich dennoch schon frühe der neuen Bewegung, die mit dem Namen Luthers verknüpft war, angeschlossen. Schon im Beginn der zwanziger Jahre wurde hier und dort in der Stadt der Sang der Wittenberger Nachtigall vernommen; die Bewegung wuchs trotz des Widerstrebens des Rates und der Umtriebe der Prälaten, und im Jahre 1528 erschien, von der Bürgerschaft gerufen, Bugenhagen, der treue Genosse und Freund Luthers aus dem Pommerlande[2]), um den kirchlichen Verhältnissen der Stadt vermöge seiner Umsicht die neuen Bahnen zu erschliefsen und dem brausenden Strome der neuen Geistesbewegung ein festes Bette zu geben. Seiner erfolgreichen Thätigkeit hat er selber ein bleibendes Denkmal gesetzt; die von ihm mit gewohnter Meisterschaft verfafste Kirchenordnung erschien 1528 in niederdeutscher Sprache[3]). In Uebereinstimmung mit Luthers Forderungen sind bei den Gottesdiensten und bei der Sakramentsverwaltung die überflüssigen oder schädlichen Ceremonien der päpstlichen Kirche in Wegfall gekommen, und für die Taufe wird die Verwendung der deutschen Sprache angeordnet, „dat de lüde

---

[1]) Über die Reformation der Stadt Braunschweig vgl. Beste, Gesch. der Braunschw. Landeskirche. Wolfenbüttel 1889. S. 7 ff., und Hänselmanns Einleitung zu der von ihm neu herausgegebenen Kirchenordnung Bugenhagens für die Stadt Braunschweig. Wolfenbüttel 1885.

[2]) Über Bugenhagens Thätigkeit in Braunschweig vgl. Hänselmanns Einleitung a. a. O., und Koldewey, Bugenhagen und die Stadt Braunschweig. Abgedruckt in den Beiträgen etc.

[3]) Der Erbarn Stadt Brunswig Christlike ordeninge / to denste dem hilgen Euangelio / Christliker leue / tucht / frede vnde eynicheyt. Ock dar vnder vele Christlike lere vor de borgere. Dorch Joannem Bugenhagen Pomern besorcuen 1528. Sie wurde zu Wittenberg gedruckt.

mögen weten, wat me dar handelt mit Gade unde unseme heren Jesu Christo, dat dat herte der lüde, de dat kindeken bringen, unde der anderen, de darby sint, mögen upgehaven werden to Gade, wenne se hören över dem kindeken den namen Gades unde unses heren Jesu Christi anröpen unde den düwel vorbannen"[1]). Dagegen soll der Priester bei Kindern, die die Nottaufe von der Hand eines Laien empfangen haben, „nicht den exorcismum lesen, den düvel üttobannen, dat he nicht mit deme lesen den hilgen geyst lestere, de gewislik by deme gedoften kinde is"[2]). Eine Taufliturgie fehlt in der Kirchenordnung; man darf aber nicht zweifeln, dafs Bugenhagen den Gebrauch des Taufbüchleins vom J. 1526 den Geistlichen empfahl und dafs auf Grund dieses Formulares der Exorcismus angewandt ist. Eine spätere Zeit hat es wenigstens benutzt in der Meinung, dafs es in der Braunschweiger Kirche stets gebräuchlich gewesen sei[3]).

War in der Stadt schon früh die Reformation zum Siege gelangt, so hatte in den braunschweig-wolfenbüttelschen Landen Herzog Heinrichs starke Hand lange Zeit hindurch jede Regung des Protestantismus niedergehalten. Erst als die schmalkaldischen Bundesfürsten im Jahre 1542 den Herzog mit bewaffneter Macht aus seinem Erbe vertrieben und das eroberte Gebiet unter eine gemeinsame Verwaltung stellten, hielt der Protestantismus seinen Einzug im Lande[4]). Bugenhagen wurde berufen; die kirchlichen Verhältnisse wurden, soweit es die Ungunst der Zeiten und der Mangel an Unterstützung von Seiten der Regierung in Wolfenbüttel gestatteten, geordnet. Nach

---

[1]) Hänselmanns Neudruck S. 25 f.
[2]) Hänselmanns Neudruck S. 35.
[3]) Nach der Vorrede des Taufbüchleins der Stadt Braunsshweig vom Jahre 1591.
[4]) Über Heinrich den Jüngeren und seine Stellung zur Reformation vgl. Koldewey, Heinz von Wolfenbüttel. Halle 1883, und Koldewey, Die Reformation des Herzogthums Braunschw.-Wolfenbüttel unter dem Regimente des Schmalkaldischen Bundes. Zeitschr. des hist. Vereins für Niedersachsen. 1868, 243—338.

der Kirchenordnung, die entworfen wurde[1]), sollen die Kinder in deutscher Sprache getauft werden, „dat wy klar und recht könen vorstan, wat Christus unse Heiland dar in Sacramenten mit uns handelt"[2]). Die Ceremonien gelten nicht mehr: „Papen santelent und smerent bedarnen wy thor Döpe nicht"[3]). Der Exorcismus wird, wie in der Stadt Braunschweig, so auch hier beibehalten sein, obgleich die Kirchenordnung ihn nicht erwähnt. Ein Taufformular befindet sich auch in dieser neuen Ordnung nicht. Es wird auch hier Luthers Taufbüchlein die Richtschnur für die heilige Handlung gebildet haben.

Doch die neuen Einrichtungen sollten nicht von langer Dauer sein. Bald erklang das Land wieder von Rosseshuf und Hörnerklang. Herzog Heinrich war herbeigezogen, um mit Gewalt dem Feinde sein Land zu entreifsen. Der Versuch endigte mit der Gefangennahme des welfischen Fürsten auf blutiger Wahlstatt, der kaiserliche Sieg aber gab ihm 1547 Land und Freiheit wieder. Mit seinem Einritt hielt auch der Katholicismus wieder seinen Einzug in die verlorenen Positionen. Doch als im Jahre 1568 Herzog Heinrich auf dem Schlosse zu Wolfenbüttel seine Augen nach mehr denn fünfzigjähriger Regierungszeit geschlossen hatte, folgte ihm der einzige von seinen Söhnen, den ihm das Schicksal gelassen hatte, auf dem Throne, und dieser, Julius, war fest entschlossen, dem Protestantismus, zu dem er sich schon vorher in guten und bösen Tagen bekannt hatte, die Thore des Landes zu öffnen. Drei treffliche Männer, deren Namen in der Kirche Luthers einen guten Klang besafsen, wurden zur Vornahme einer allgemeinen Kirchenvisitation im Lande und zur Einführung der Reformation berufen, Martin Chemnitz, Braunschweigs grofser Superintendent, Jacob Andreä, der Kanzler von

---

[1]) Christlike Kerken-Ordeninge / im lande Brunschwig / Wulfenbüttels deles. M.D.XLIII. Wittemberg. 4°. — Santelenweihen.
[2]) ibid. O. 4b.
[3]) ibid. G. 4b.

Tübingen, unermüdlich darauf bedacht, die streitende Kirche Luthers zu einen, und der Abt von Bergen und ehemalige herzogliche Hofprediger, Peter Ullner. Schon am 1. Januar des folgenden Jahres wurde die neue Kirchenordnung unterzeichnet und noch im Laufe des Jahres gedruckt und an die Kirchen des Landes verteilt¹). Ihre Verfasser waren Chemnitz und Andreä. Dem Inhalte, ja oftmals dem Wortlaute nach, schliefst sie sich hinsichtlich der Kirchenverfassung der Württemberger Kirchenordnung vom Jahre 1559, in der Liturgie der Lüneburger Kirchenordnung vom Jahre 1564 an; das letztere nicht ohne Absicht. „Die Ceremonien", so heifst es im Vorworte, „sollen den benachbawrten Kirchen dieser Landen am aller enlichsten sein, damit ungleicheit der Ceremonien bey den unverstendigen und in Gottes Wort noch nicht wol erbawten Christen keine ergernuss, und andere anstofs geberen möchte"²). Dieses gilt auch von der Taufhandlung. Luthers Vorgange folgend, „soll solch papistisch Tauff weihen gentzlich underlassen werden," und „es sollen die Leute aufs Gottes Wort fein gründtlich berichtet werden, welchs die rechte weihe und heiligung der Tauffe sey." Deshalb soll die Taufe so gehalten werden, „wie in dem Tauffbüchlein Lutheri verfasset ist"³). In der Agende ist die „Forma der Tauffe" gegeben, d. h. es ist der Inhalt des Taufbüchleins Luthers abgedruckt, nur dafs nach Verlesung von Marc. 10, 13—16 drei verschiedene Ermahnungen an die Beistehenden eingeschaltet sind, von denen die erste mit dem Anfange der Ermahnung, die Luther im Anfange seines Taufbüchleins an die Paten richten läfst, übereinstimmt. Die Wahl

---

¹) Kirchenordnung Vnser/ von Gottes Genaden / Julij Hertzogen zu Braunschweig vnd Lüneburg / etc. Wie es mit Lehr vnd Ceremonien vnsers Fürstenthumbs Braunschweig / Wolffenbütlischen Theils / Auch derselben Kirchen anhangenden sachen vnd verrichtungen / hinfurt (vermittelst Göttlicher Gnaden) gehalten werden sol. Wulffenbüttel. M.D.L.XIX.

²) ibid. Vorrede, Blatt 4b.

³) ibid. in der der Kichenordnung vorausgehenden sogen. Deklaration Bog. K 4 und L 1.

unter den dreien ist dem Belieben des Predigers anheim gestellt. Desgleichen ist nach dem Vorgange des Taufbüchleins die interrogatio fidei der katholischen Agenden beibehalten¹). Auch der Gebrauch des Exorcismus und die Bekleidung mit dem Westerhemde ist angeordnet; doch sieht sich die Kirchenordnung, um die Beibehaltung der Teufelbeschwörung zu erklären, veranlafst zu sagen²): „Nachdem wir in dieser Kirchen den Exorcismum behalten, sollen die Prediger das Volck zun zeiten inn der Predigt erinnern, das derselbig nicht also verstanden werde, als solte das Kind durch den Exorcismum, und nicht durch die Tauffe, aus der gewalt des Teuffels genommen werden, Sondern das es allein sey ein erinnerung, in was grofser noth und jammer das Kindelein seiner Sünden halben stecke, Warumb jme die Tauffe nötig, unnd was durch dieselbige bey dem Kindlein aufsgerichtet werde."

Auch gegen die Calvinisten und diejenigen, welche innerhalb der lutherischen Kirche ihre Auffassung von der Taufe teilen, wendet sich die K.-O.³): „denn die Calvinisten sprengen unter die leute gar einen schedlichen jrrthumb, das die Kinder, so von bekereten gleubigen eltern geborn werden, ob sie gleich in Sünden entfangen unnd geborn werden, dennoch mit der natürlichen geburdt aufs gleubigen eltern das mit sich bringen, das sie auch vor der Tauff nicht sein kinder des zorns unter dem reich und gewalt des Satans, sondern auch one die Tauff wahrhafftig sein im reich Christi und in der gnaden Gottes, und das die Tauffe nur allein ein eusserlich zeichen sey, dardurch bezeuget werde, das dieselbigen kinder vorhin vergebung der Sünde und ewige seligkeit haben."

In dieser Ablehnung der reformierten Auffassung von der Taufgnade werden also auch die Gründe, die Calvin und mit ihm die Gegner des Exorcismus in der lutherischen

---

¹) Vgl. oben pag. 8. Anm. 1.
²) Kirchenordnung des Herzogs Julius, pag. 69.
³) ibid. L. jjj.

Kirche gegen die Beibehaltung desselben geltend gemacht hatten, abgelehnt. War durch die neue Kirchenordnung der Entwickelung der kirchlichen Verhältnisse des Landes eine feste Bahn vorgeschrieben und die Aussicht für eine gedeihliche Fortbildung des Protestantismus im Herzogtum gegeben, so wandte sich nun des Herzogs Interesse der Förderung einer Sache zu, die weit über die Grenzen des Fürstentums hinaus eine Einigung der gesamten lutherischen Einzelkirchen in Bezug auf Lehrfragen bezweckte, um dadurch dem fortwährenden Hader der Theologen den Boden abzugraben. Dem gewandten Andreä, gleich erfahren in den Dingen dieser Welt[1]), wie begeistert für die Aufgabe, die sein Lebenszweck zu sein schien, eine Einigung der lutherischen Kirchen herbeizuführen, war es nicht schwer geworden, während seines Aufenthaltes in Wolfenbüttel als Visitator der braunschweigischen Landeskirche die Sympathien des Herzogs für sich und seine Friedenspläne zu gewinnen. Und nun stellte der Herzog Geld, Zeit und das Gewicht seines Namens in den Dienst des Friedenswerkes. Doch im Zwiespalte seiner fürstlichen und religiösen Interessen durch die Freunde des Konkordienwerkes verletzt — hatte doch Chemnitz in einem offenen Schreiben den Herzog wegen der bekannten Tonsurierung seines Sohnes als einen Verräter an der heiligen Sache des Evangeliums bezeichnet, der das „unschuldige, teure, junge Blut dem Moloch auf dem Altare geopfert habe", und an den Höfen der Fürsten und auf den Kanzeln der Gotteshäuser nannte man den Fürsten einen „Unchristen, Apostaten und Mameluken" — zog der Herzog Julius sich vom Konkordienwerke zurück[2]). Das schon von ihm selber und vielen

---

[1] Andreä hatte des Herzogs Zuneigung nicht zum wenigsten praktischen Vorschlägen zu verdanken, die er in Betreff der Schiffbarmachung der Oker und der Einrichtung einer Münzmaschine mit Prägestock statt der bisherigen Münzschmiede dem Herzoge während seines Aufenthaltes in Wolfenbüttel gemacht hatte.

[2] Über den Anteil des Herzogs Julius am Konkordienwerke vgl. Bestes Kirchengeschichte S. 73 ff.

Dienern des Staates und der Kirche unterschriebene Bergische Buch (die Grundlage der späteren Formula Concordiae) räumte seinen Platz dem schon früher auf Selneckers Vorschlag von Chemnitz zusammengestellten Corpus doctrinae Julium, das als der „geistliche, himmlische Landschatz" der Universität Helmstedt 1576 bei ihrer Einweihungsfeier gewidmet war und früher auch neben dem Bergischen Buche Geltung im Lande besafs, wie durch die Unterschriften vieler Geistlichen, sowie des Herzogs selber in den Exemplaren der Kirchenordnung, die sich im Konsistorialarchiv zu Wolfenbüttel befinden, bezeugt wird.

Der Inhalt dieses ehrwürdigen Denkmals eines für seine Kirche froh begeisterten Fürsten ist: Die Declaratio von der Hand Chemnitzens, welche schon in der Kirchenordnung enthalten ist, die drei alten Symbole, die Augsburgische Konfession, die Apologie, die Schmalkaldener Artikel, der kleine Katechismus mit angehängtem Trau- und Taufbüchlein, der grofse Katechismus, ein Traktat Urbani Regii, „wie man fürsichtiglich und ohne Ergernufs von den furnehmsten Artikeln Christlicher Lehre reden soll," und endlich noch ein „Wohlgegründeter Bericht von den fürnemsten Artikeln Christlichen Lehre .... wie man von einem jeden mit Bescheidenheit reden möge und solle" [1]).

Durch die Aufnahme in diese Sammlung erlangte nun das Taufbüchlein Luthers und mit ihm der Exorcismus in der braunschweigischen Landeskirche symbolische Geltung. Ueber die Gründe, die zur Beibehaltung desselben geführt haben, und über die Art und Weise, wie diese Handlung innerhalb der Kirche aufgefafst werden sollte, läfst sich das

---

[1]) Mir stand nur der Neudruck des Corpus doctrinae Julium, welcher 1690 veranstaltet wurde, da die alten Exemplare durch die Kriege selten geworden waren, zu Gebote. Der Titel lautet:

Corpus doctrinae, d. i. die Summa / Form und Fürbild der reinen Christlichen Lehre / aus der Heil. Göttlichen Schrifft der Propheten und Apostel zusammengezogen / wie solches von weyland Herrn Julio etc. Anno 1576 publiciret / Und jetzo auf Gnädigste Verordnung der Herren Rudolph-Augusts und Anthon Ulrichs, Gebrüder etc. von neuem gedruckt. Braunschweig 1690. 4°.

Corpus doctrinae in dem „Wohlgegründeten Bericht"[1]) eingehend vernehmen. Wir bringen den Abschnitt, da er die Meinung des bedeutendsten lutherischen Theologen jener Zeit, des Martin Chemnitz, ausspricht, zum Abdruck:

„Es sind aber etliche andere, die vermeynen, man solle den gar alten Gebrauch des Exorcismi in der Verhandlung der Tauffe darum unterlassen, weil die Wort etwas gar zu hart lauten, als ob der Teuffel leibhafftig in den Kindern wohnete und sie leiblich besessen hätte." Weil aber der Exorcismus seit alten Zeiten im Gebrauch gewesen, hat ihn Lutherus seeliger ohne Zweiffel aus hochwichtigen Ursachen und Bedenken bey der Tauffe behalten. Derwegen denn auch die Pastores solche nütze, angenommene, hergebrachte und gebräuchliche Ceremonien nicht leichtfertig, aus eigenem Bedenken verwerffen und zerrütten sollen, sondern die Leute mit Bescheidenheit unterrichten, dass der Tauffe rechtes gantzes Wesen stehe alleine darinnen, dass man nach dem Befehl Christi in der Action der heiligen Tauffe mit Wasser im Nahmen des Vaters, des Sohns und des heiligen Geistes täuffe, was drüber geschieht, gebetet oder gesprochen wird, das gehöre nicht zu dem eigentlichen Wesen der Tauffe, sondern die Tauffe ist und bleibet gantz und vollkommen auch ohn dieselbe. Es soll aber gleichwol darum dasjenige, so in unsern Kirchen gewöhnlich bey der Tauffe gehandelt, gebetet und geredt wird, weder verworffen noch verdammt werden, damit der arme gemeine Mann durch Ungleichheit der Ceremonien nicht geärgert werde. — Und wenn der Exorcismus recht erklärt und verstanden wird, so wird solche Beschwerung des Teuffels mit so harten ernsten Worten nicht allein nicht abscheulich sein, sondern damit wird uns gleich wie für die Augen gestellet zu betrachten den grofsen elenden Jammer des Kindes, so unter der Gewalt des Teuffels der Erb-Sünde wegen steckt, und dagegen auch die grofse unermessliche Gnade Gottes, so das Kind mit göttlicher Krafft durch die Tauffe aus dem

---

[1]) pag. 936 ff.

Reich und Gewalt der Finsterniss reist und in sein Gnadenreich versetzt, wie solche Erklärung Lutherus seeliger zu der Vorrede seines Tauff-Büchleins gesetzt hat. Wir wissen Gott Lob ja wol, dass die Kinder nicht leiblich vom Teuffel besessen seyn; wir wissen aber auch aus Gottes Wort, dass es viel gefährlicher und schrecklicher ist, dass solche Kinder, so in Sünden empfangen und gebohren sind, aufser dem Reich Gottes geistlicher Weise in und unter dem Reich und Gewalt der Finsterniss verstrickt und gefangen sind. Weil denn solcher höchster Jammer weder mit Worten kan ausgeredt, noch mit Verstand genugsam gefast werden mag, verstehen daraus gottfürchtige Hertzen gar wol, dass der Exorcismus und die ernste Beschwerung des Teuffels bey der Taufle nicht ohne wichtige Ursachen von Alters her verordnet und gebraucht, auch von Luthero behalten worden sey, nach welchem Exempel, in solcher Meynung und Erklärung, derselbige auch in unsern Kirchen zu gottseeliger Erbauung billig, doch unser Christlichen Freyheit unschädlich, behalten wird."

Auch in dem Konkordienbuche[1] sollte Luthers Büchlein von der Taufe, weil es vielfach im Verein mit dem gleichfalls aus Luthers Feder stammenden Traubüchlein als integrierender Bestandteil des kleinen Katechismus Luthers betrachtet und infolgedessen meist damit zusammengedruckt wurde, Aufnahme finden. Brandenburgs Kurfürst, Johann Georg, hatte sich dafür ausgesprochen. In seinem Lande war der Exorcismus ja volkstümlich gewesen; denn als derselbe im Jahre 1558 in der neuen Kirchenordnung in Fortfall kommen sollte, führten die Landstände dringende

[1] Später, als die Aufnahme des Konkordienbuches auch an anderen Höfen und in anderen Kirchen auf Schwierigkeiten stiefs, suchte man den Herzog Julius wieder für die Konkordie zu gewinnen. Besonders bemühte sich Andreä darum, ohne doch dabei die Zustimmung Chemnitzens zu besitzen. Doch die Versuche auf den Kolloquien zu Helmstedt und Quedlinburg (1583) scheiterten an dem Groll des Herzogs und dem Widerstande der Helmstedter Theologen, die der Konkordie besonders die Fortlassung des Taufbüchleins und die Ubiquitätslehre zum Vorwurf machten.

Beschwerde, dass man ihnen eine neue, ärgerliche Taufordnung, die zum Calvinismus führe, aufdrängen wollte[1]. Aber da man mit Sicherheit annehmen konnte, dass die Pfalz, sowie Württemberg und die oberdeutschen Städte wegen des bei ihnen unbekannten Exorcismus heftigen Anstoſs an der Aufnahme des Büchleins nehmen würden — hatte doch der Kurfürst Ludwig von der Pfalz erklärt, „ehe er das Taufbüchlein, darinnen der Exorcismus stehe, annähme, wolle er sich ehe mit samt seinen Kirchen dieses gemeinen (gemeinsamen) Werkes entschlagen. Nicht daſs er solcher Ceremonien wegen andere Kirchen verdammen wolle, so verhoffe er, wie er andere Kirchen bey ihren Ceremonien liefse, also würde man ihm auch nicht verdenken, dass er bei seinen Ceremonien bliebe"[2] — so lag die Gefahr nahe, dass das endlich mühsam herbeigeführte Werk der Einigung noch in der letzten Stunde zum Scheitern käme. Deshalb beschloss man auf Chemnitzens Rat und Sachsens Vorschlag[3], die Beibehaltung des Taufbüchleins den einzelnen Sonderkirchen frei zu geben und aus der Konkordie selber das Taufbüchlein fortzulassen, daneben aber einen besonderen Abdruck desselben zu veranstalten, „damit ein jeder, der da wollte, es habe und gebrauchen könnte, andere aber, wo solche Ceremonien nicht wären, nicht dürften gebunden sein. Ueberhaupt wollte man in den Ceremonien ein Theil dem andern seine Freiheit belassen; es möge ein jeder bey den gebräuchlichen Ceremonien von dem andern Theil ungetrübt verbleiben"[4].

So verblieb denn auch in der Stadt Braunschweig, wo die Konkordienformel den Wünschen des Herzogs entgegen auf

---

[1] Vgl. den Artikel Exorcismus in der theol. Encyclopädie a. a. O.

[2] Polycarp Leyser, Kurtzer vnd gegründeter Bericht auff die unter D. Daniel Hoffmanns Namen wieder die zu Dreszden gedruckte Christliche Concordiam, in offenem Druck ausgesprengte Beschuldigung. Dreszden 1597. 4°. A. jjjj.

[3] Taufbüchlein der Stadt Braunschweig. Vgl. unten pag. 28. Anm. 2.

[4] Vgl. Krafft, Historie vom Exorcismo pag. 290 f.

Chemnitzens Betreiben symbolische Geltung erhielt, das Taufbüchlein Luthers im vollen Umfange in Gebrauch mit allem, was „bey der heiligen Tauffe in dieser Stadt, so lange als das Evangelium darinnen gepredigt ist worden, ist gebräuchlich gewesen".[1]) Erst das Jahr 1671 vernichtete zugleich mit den politischen Vorrechten die kirchliche Sonderstellung der Stadt und bereitete der Geltung der Konkordienformel durch Einführung des Corpus doctrinae Julium ein Ende, ohne dabei jedoch in irgend einer Weise die Liturgie der Taufe umzugestalten.

In der Kirche Luthers hatte die Konkordienformel ihren Zweck nur sehr unvollkommen erreicht. Von den Gegnern als Zwietrachtsformel geschmäht, hatte sie es nicht vermocht, die hadernden Theologen zu einen. Die Philippisten klagten, dafs sie zwei teure Helden von einander reifse, den einen kanonisiere, den andern stinkend mache. Worauf ihnen mit dem Vorwurf geantwortet wurde, als sei Genf ihnen lieber als das alte Wittenberg, wo Luther gelehrt habe. Auch herrschte ja in Genf „der andere Geist", und das Wort Calvinist besafs vieler Orten denselben Klang, wie Ketzer in der Kirche Roms. In diesen Streitigkeiten zwischen den Jüngern Melanchthons und denen, welche Luthers Geist zu haben meinten, spielt auch der Taufexorcismus eine ziemlich bedeutende Rolle. Zwar hatte die Konkordienformel die Beibehaltung des Taufbüchleins und damit des Exorcismus dem Willen der einzelnen Partikularkirchen anheimgestellt, und es war anzunehmen, dafs, wenn sich wiederum der Streit für und wider das Teufelaustreiben erhob, derselbe nur eine lokale Bedeutung haben und der Friede der Gesamtkirche dadurch nicht gestört werden würde. Aber wenn dieser Streit zugleich ein Kämpfen für und wider Gedanken, die ein calvinisches Gepräge besafsen, war, so mufste derselbe einen Umfang annehmen, der die Grenzen des Landes. in welchem er entstanden, weit überschritt. Dieses geschah nun in Anhalt[2]) und Sachsen. Hier

---
[1]) Vgl. Taufbüchlein der Stadt Braunschweig a. jjj.
[2]) Die Litteratur, die der Taufstreit in Anhalt hervorrief, ist

hatte Kurfürst Christian den Exorcismus bei der Taufe seiner jüngsten Tochter nicht vollziehen lassen und ihn im Juli 1591 durch ein Mandat im ganzen Kurfürstentum verboten. Eine grofse Erregung ergriff das Volk. Es hiefs, der Kurfürst wolle das Land calvinisch machen. Nächst Christians frühem Tode hat der Kanzler Krell nicht zum wenigsten der Abschaffung des Exorcismus seine Einkerkerung und Verurteilung zu danken.¹) In Anhalt war Wolfgang Amling²) der einflufsreiche Führer der Geistlichkeit des Landes, dem seine Anhänger nicht nur die Leitung, sondern auch den Namen verdanken. Als Student hatte er in Wittenberg die Nachfolger Melanchthons kennen gelernt, die den Anregungen ihres Meisters folgend „das alleinige Heil im calvinischen Abendmahl sahen" und auch sonst mancherlei Hinneigung zu den Gedanken, die von Genf ausgegangen waren, zeigten, ohne dabei der Kirche Luthers untreu werden zu wollen. In Zerbst war er dann Superintendent geworden, und hier hatte er die „Wittenbergische Calvinische Grundsuppe, welche der Hochlöbliche Churfürst zu Sachsen als stinkend ausgeschüttet, wider aufgeschöpfft und dieselbige mit eben solchen Tücken gespendet".³)

Im Jahre 1590 erschien nämlich ein neues Taufbüchlein für die Kirchen im Fürstentum Anhalt nebst Erklärung,

---

ziemlich vollständig zusammengestellt bei Krafft, Historie vom Exorcismo pag. 428 ff. Dieses Buch bietet bislang die einzige umfassendere, allerdings wenig genügende Behandlung dieses Streites, der zu seiner Zeit grofse Erregung verursachte.

1) Hase, Kirchengesch. III, 231.

2) Wolfgang Amling, 1542 in Munerstadt bei Würzburg geboren, besuchte seit 1560 die Universitäten Jena, Tübingen und Wittenberg. 1566 ward er Rektor in Zerbst, 1570 Pastor in Coswig. In demselben Jahre kehrte er jedoch nach Zerbst zurück und ward 1578 vom Fürsten Joachim Ernst zum Superintendenten berufen. † 1606.

3) Daniel Hoffmann, Beweis: das M. Wolff. Amling vnd sein Anhang vnter den Anhaltischen Predigern / Calvinische Sakramentsschwermer/ vnd von der Augspurgischen Confession / auch von Fürst Georgen zu Anhalt Bekenntnis in der Lehre vom heiligen Abendmal abgewichen sein. s. l. 1585. 4°.

warum man sich zur Abschaffung des Exorcismus entschlossen habe.¹) Das Buch ist ein Neudruck des Lutherischen Taufbüchleins, doch fehlen die Exorcismen. Zur Erklärung dieses Vorgehens werden fünfzehn Gründe namhaft gemacht, als zwingend zur Abschaffung dieser Ceremonie. Zunächst habe er keine Begründung in Gottes Wort; auch hätten ihn die Apostel weder gekannt, noch benutzt. Derselbe sei daher als Menschensatzung zu betrachten. Die Teufelsaustreibungen, welche das neue Testament berichte, seien wesentlich anderer Natur, als der Exorcismus bei der Taufe. Dieser streite gegen das alleinige, wahrhaftige Verdienst und die Genugthuung Jesu Christi, sowie gegen den Gnadenbund des alten und neuen Testamentes, gegen den Wert der Beschneidung, sowie der Taufe. Von den Kindern der gläubigen Juden habe man nicht den Teufel ausgetrieben, deshalb seien auch die ungetauften Kinder von Christen nicht als vom Teufel besessen zu erachten. Der Exorcismus schliefse ferner einen Mifsbrauch des Namens Gottes in sich und verstofse mithin gegen das zweite Gebot. Er nehme aber auch den Müttern, deren Kinder, ohne die heilige Taufe empfangen zu haben, dahinsterben, sowie allen schwangeren Frauen jeglichen Trost über die Zukunft der Kinder. Sodann habe niemand das Recht zu den heiligen Sakramenten etwas hinzuzufügen. Das Vorgeben der Gegner, — man halte die Kinder nicht für leiblich besessen, sondern man erinnere durch die Ceremonie des Exorcismus, „was für ein greulich thun mit der Erbsünde, und wie gros des Teuffels Macht und Gewalt sey,

---

¹) Tauffbüchlein / Für die Kirchen im Fürstenthumb Anhaldt / Mit erzelung etlicher Hochwichtigen vrsachen / warumb der Exorcismus abgeschafft. Daneben auch der Nothwendige Trost erkleret wird / für die bekümmerten Eltern / denen jre Kinder / ehe sie können zur H. Tauffe gebracht werden / absterben / das sie darumb nicht verloren / viel weniger die Frucht im Mutterleibe für das Teuffels leibeigen / Sondern für gliedmasse der Christlichen Kirchen / warhaftig zu halten. Alles mit Gottes Wort / ohn jemandes nachtheil / trewlich beweret vnd bekrefftiget. s. l. 1590. 4°.

so er umb der Sünde willen über die Menschen hat," sei zu verwerfen, da dafür viel bessere Zeugnisse aus Gottes Wort angeführt werden könnten. Denn „ob wol die Kinder von natur nach der fleischlichen Geburt mit nichten heilig, noch Kinder Gottes, sondern freylich Kinder des Zorns und der ungnaden sind, so bezeugt doch die heilige Schrift an vielen Orten merklich und klar, dass sie in krafft der verheifsung das geistliche Bürgerrecht der Kirchen von ihrer geburt, ja vom Mutterleib an haben. Derwegen auch Gottes befehl, dafs sie als angehörige seines Volkes und Bundes durch das Bundeszeichen der gnaden von allen Heiden- und Türkenkindern unterschieden sein und also seiner ewigen gnade, der vergebung der Sünde und kindschafft in Christo als mit einem kreftigen Sigl auch eufserlich sollen versichert werden." Sei ferner der unreine Geist so viel als Sünde, so müsse die Sünde ein spiritus und substantia d. i. ein selbstständiger Geist sein, da er sonst nicht vertrieben werden könnte. Im Papsttum habe der Exorcismus viel zum Aberglauben beigetragen, und die Menschen sollten sich doch vor der Abgötterei hüten. Liefse man endlich den Exorcismus bei der Nottaufe fort, so müsse man ihn auch überhaupt bei der Taufe fortlassen, wofern die Nottaufe als richtige Taufe noch weiter angesehen werden solle.

So die Gründe der Anhaltiner Theologen, die alles zusammenfassen, was das sechzehnte Jahrhundert gegen den Taufexorcismus vorzubringen wufste. Sie haben einen stark calvinischen Anhauch und machen es begreiflich, dafs 1597 im Fürstentum Anhalt das reformierte Bekenntnis das lutherische zu verdrängen vermochte.

Gegen die Anhaltiner erschien in rascher Folge eine Unzahl von Schriften, die, dem Geschmacke der Zeit Rechnung tragend, die Gewichtigkeit der Gründe durch Poltern und Schmähen verstärkten, das dem Sohne des neunzehnten Jahrhunderts unerklärlich erscheint. Andere Zeiten haben eben andere Sitten, und die Grobheit jener Tage war wenigstens durchaus ehrlich gemeint. Auch Braunschweiger Theologen erhoben ihre Stimme gegen die Anhaltiner, im

Lande wie in der Stadt. Der Pfarrherr von Schliestedt, Johannes Schützen, erliefs eine Schrift: „Serpens antiquus, d. h. der Sakramentsteufel, der sich in diesen letzten fehrlichen Zeiten mit 50 seinen fürnehmsten Adiuvantes, den Amlingiten oder Obersten aus dem Hellischen Rath öffentlich ins Feld gelegt." Leider ist es dem Verfasser nicht gelungen, ein Exemplar dieser Schrift zu Gesichte zu bekommen [1]). Wenn der Inhalt dem Titel entspricht, darf man annehmen, dafs der würdige Pfarrherr nicht eben allzu glimpflich mit seinen Gegnern ins Gericht gegangen ist.

Polycarp Leyser, ein Hauptvertreter des genuinen Luthertums, damals noch Stadtsuperintendent von Braunschweig, erliefs im Namen des geistlichen Ministeriums der Stadt ein „Christliches Bedenken" gegen die Abschaffung des Exorcismus[2]). „In Anhalt", so schreibt er, „hat Satanas einen unnötigen Streit mit unzeitiger Abschaffung des Exorcismus erregt." Für ihn beruht der ganze Streit auf drei Hauptfragen:

I. Ist der Exorcismus wirklich „eine Abscheuliche, Abgöttische, Abergläubige, Papistische, oder aber eine Nützliche oder leidliche Ceremonie."

II. Ist das letztere der Fall, oder wird er doch für eine solche Ceremonie gehalten, welche entweder erhalten oder abgeschafft werden kann, so frägt es sich weiter, „wie man die abschaffung für die handt nehmen unnd anstellen soll, damit es also hergehe, das weder Freiheit noch Frieden dadurch verloren werden."

[1]) Die Schrift ist im Jahre 1591 erschienen. Der Titel findet sich aufgezeichnet in dem sog. Kammanschen Kataloge der städtischen Bibliothek zu Braunschweig. Doch ist das Buch selber dort schon seit mehr denn 100 Jahren verschollen. Krafft kennt dasselbe nicht.

[2]) Der Titel lautet: Ein Christliches Bedenken / was von dem Exorcismus bey der Tauff / vnd abschaffung desselben zu halten sey. Auf begeren etlicher gutherzigen vnd fürnemen vom Adel / gestellt durch Polycarp Leyser. Wegen embsigen anhaltens vieler bestendiger frommen Christen / in Druck verfertiget. Magdeburg 1591. 4°. Wer diese Herren vom Adel gewesen sind, läfst sich mit Gewifsheit nicht sagen. Möglicherweise ist es der theologisierende v. Meyendorff auf Ummendorf gewesen, mit dem auch Hofmann korrespondierte.

III. „Ob es jetziger Zeit, nach gelegenheit allerhand umbstenden im Fürstenthumb Anhalt, nützer sey, den Exorcissmum abzuschaffen oder zu behalten?"

Auf diese Fragen wird denn geantwortet:

I. Der Exorcismus ist ein Adiaphoron, der also von der Gemeinde abgeschafft werden kann; derselbe streitet nicht gegen Gottes Wort und Gebot und die Artikel des Glaubens und ist keine Zauberei. Deshalb hat denselben auch Luther beibehalten.

II. Wenn der Exorcismus abgeschafft werden soll, so kann das nur durch die Obrigkeit, die Prediger und die Gemeinde zusammen geschehen. Dieses ist aber in Anhalt nicht geschehen; „denn man sagt, das etliche von Adel mit hoher Schwerer Geldbufs, etliche Prediger mit bedrewung und enturlaubung, etliche Zuhörer mit Gewalt darzu angetrieben und gezwungen worden, ihre Kinder auff die Newe weise ohne den Exorcismum zu teuffen oder teuffen zu lassen"[1].

III. Die Zerbster wollen durch die Abschaffung des Exorcismus falsche Lehre pflanzen, indem „sie fürgeben und lehren: Der Christen Kinder sein bereit für der Tauff in der Christlichen Kirchen, sein in Christo, seind in der Arch der Christenheit, seyen im Mutterleibe geheiliget, und sey die Tauf nichts mehr, denn allein ein eufserliche Vernewerung und krefftige versiegelung des Gnadenbundes, in dem sie sie vorhin seien durch das Gebet der Eltern." Deshalb haben „dieselben so gar keine erhebliche ursach, warumb sie mit unzeitiger abschaffung des Exorcismi so grofs unruhe anrichten."

In der Stadt Braunschweig scheinen die Gründe der Anhaltiner innerhalb der Gemeinde durchaus nicht ungünstig beurteilt zu sein; denn noch in dem gleichen Jahre erschien ein Neudruck des Lutherischen Taufbüchleins[2] mit „einer

---

[1] Auch der durch seine asketischen Schriften bekannte Joh. Arnd mufste Anhalt verlassen, da er die Meinungen Amlings nicht teilte; er ging 1590 nach Quedlinburg und kam 1599 nach Braunschweig.

[2] Taufbüchlein des Herrn D. Martin Luthers zusampt Einer

kurzen einfeltigen Erklärung" desselben, „damit auch die einfeltigen sich nicht in ihrem gewissen irr machen und betreiben lassen, als wenn sie mit einer solchen Tauff getaufft weren, darbey Grewel, schendliche Teuffelsbeschwerung, ja verfluchte Abgötterey und Zauberey mit untergelauffen weren; dadurch manniger bewegt werden möchte, an seiner eigenen Tauff zu zweiffeln, ob dieselbe auch recht und Christlich verrichtet wäre."

Die Anhaltiner blieben die Antwort nicht schuldig. Auf das Bedenken Polycarp Leysers, „das thörigte Kelbergeschrei," antworteten sie mit einem „gründlichen Beweifs, das der Exorcismus wider die fürnembsten Hauptstück des Catechismi streite"[1]), in welcher Schrift an der Hand des Katechismus der Nachweis versucht wird, dafs diese Taufceremonie gegen alle Stücke der christlichen Lehre streite. Zugleich wandte sich der Fürst von Anhalt mit Klagen über Leyser und der Aufforderung, auch innerhalb des städtischen Kirchenwesens den Exorcismus abzuschaffen, an den Rat der Stadt Braunschweig. Dieser fürchtete politische Verwickelungen, wenn man die Aufforderung ablehne, und stand überhaupt dem Ansinnen des Fürsten nicht unfreundlich gegenüber. Doch wufste Leyser diese Bedenken in einem nicht mehr aufzufindenden Berichte zu entkräften und die Stimmung des Rates für sich zu gewinnen, so dafs der Rat eine ablehnende Antwort erliefs[2]).

---

kurtzen / Christlichen vnd einfeltigen Erklärung desselben. Gestellt durch die Prediger der Löblichen Stadt Braunschweig. Magdeburg MDXCI. 4°.

[1]) Gründlicher Beweifs / das der Exorcismus bey der heiligen Taufe wider die fürnembsten Hauptstück des Catechismi streite / zu widerlegung des bedenckens D. Polycarpi Leisers / etc. Gestellet durch die Prediger im Fürstenthumb Anhalt. Wer Ohren hat zu hören / vnd Augen zu sehen / der höre vnd sehe. s. l. MDXCI. 4°.

[2]) 20. Feb. huius anni allatae sunt litterae a Principe Anhaltino, quibus me gravissime apud Senatum accusavit propter scriptum meum de abrogato Exorcismo in nomine Principum coniunctorum. Parum afuit, quin Senatus in eam pertractus fuisset partem et pari processu

Und nun erschien aus seiner Feder ein „Nötiger und in Gottes Wort gegründeter Bericht wider die Anhaltiner"[1]), in welchem nochmals die Gründe für die Beibehaltung des Exorcismus zusammengefaßt sind und auf die Gewaltthätigkeiten der Anhaltiner gegen diejenigen, die in ihrem eigenen Lande ihre Meinung nicht teilten, hingewiesen wird. Da die Anhaltiner in einer Streitschrift, die gegen den Pfarrer von Calbe, Adam Crato, gerichtet war[2]), von Chemnitz geschrieben hatten, dieser habe nach seinem Tode „mehr Geldes, als guten Gerüchts und Nahmens hinter ihm gelassen," so sah sich das gesamte geistliche Ministerium veranlasst, eine „Ehrenrettung des getrewen, berühmten Lehrers der Christlichen Kirchen" ausgehen zu lassen[3]),

erga me usi fuissent. quali prosecuti erant meum amicum Hecketium. Metu nimirum illius ligae, qua Princeps Anhaltinus et Elector Christianus correctis animis eorum Exorcismum abrogaverunt. Re tamen diligentius examinata aliquantum plus tutelae mihi tribuendum censuerunt. Meam itaque responsionem, satis acerbam, ut fateor, additis suis litteris intercessoriis ad Principem Anhaltinum transmiserunt. Et tantus ille impetus tanto conatu adversus me inchoatus uno momento concidit. Juxta illud: Parturiunt montes, nascitur ridiculus mus. Obenstehende Bemerkung findet sich von Leysers Hand in dem sog. braunen Buche, einem Protokollbuche des geistlichen Ministeriums der Stadt Braunschweig, auf fol. 63 eingetragen. Das Buch befindet sich in der Braunschweiger Stadtbibliothek.

1) Der Titel lautet: Vom Exorcismo. Ein Christlicher / nötiger vnd in Gottes Wort wolgegründeter Bericht. — Zu widerlegung der langen vnd vngegründten Schrifft / welche die Prediger des Fürstenthumbs Anhalt in diesem Artikel wider ihn publiciret haben. Jhena 1592. 4°.

2) Der Titel soll sein: Strenua nuncupata M. Adamo Cratoni a Scholasticis Scholae Soteropolitanae. Trotz vielen Suchens war es mir nicht möglich, ein Exemplar dieses Buches zu Gesichte zu bekommen; in Braunschweig, Göttingen und Wolfenbüttel ist dasselbe nicht zu finden.

3) Rettung der Ehren / des glaubens vnd Bekandnüss / des weiland Ehrwirdigen vnd Hochgelerten Herrn / Martini Chemnitii der heiligen Schrifft Doctoris / vnd Superintendenten / der Stadt Braunschweig / etc. nunmehr aber in Christo Seliglich ruhenden. Welcher unverschampt vnnd lügenhafft / in offenem Truck von den Anhaldern vnd Calvinisten / gelestert worden / als wenn er für seinem Ende von seiner Bekändtnüss abgefallen were. Gestellet vnd publiciret Von den

in welchem der unbekannte Verfasser jener Schrift nicht eben gnädig behandelt wird. Derselbe wird u. a. mit einer Sau verglichen, „die da wület, die garstige, unfletige Sau, die Grabstellen auf, reifset den frommen todten Chemnitium heraus, leufft als ein Hund mit jm in der Welt herumb, tregt ihn schon unnd lüget stoltz, steiff, hönisch und unverschamt auf den geschlossen Mundt des Manns."
„Aber höre, du Saw, du Hundt, du Unflath, du seyest auch, wer du wöllest, der du unverschempt auf unseren Chemnitium gelogen hast", — „du wirst derwegen nicht entrinnen dem gericht dessen, von dem der Psalm sagt: Herr, du bringst die Lügner umb, und du hast Grewel an den falschen; den Christlichen Leser aber befehlen wir der milden Barmhertzigkeit Gottes zeitlich und ewig. Amen."
Auch Daniel Hofmann, der gelehrte streitbare Helmstedter Theologe, „der wie Ismael wild und unbendig ist, dessen hand wider alle und aller hand wider ihn," von dem die Zeitgenossen klagten, „dafs er alle theologos censire, bilde sich selbst viel ein und hielte die andern vor Klötzer" [1]), nachmals durch seine Verketzerung der Vernunft bekannt geworden, liefs alte Kollegienhefte, welche er in den Jahren 1582 und 1589 über den Exorcismus gelesen hatte, und Briefe an Freunde, die denselben Gegenstand behandelten, zusammen als orthodoxa doctrina [2]) durch einen ungenannten Schüler herausgeben und im folgenden Jahre durch eine Abhandlung über die Taufe erweitert aufs neue erscheinen [3]). Beide Arbeiten führen das Motto: Utinam abscindantur,

---

Predigern der Stadt Braunschweig / Als da seind: (Sequuntur nomina). Magdeburgk 1592. 4°.

[1]) Urteil des Hutterus in Arnolds Kirchen- und Ketzerhistorie. Frankfurt 1729. II. 947.

[2]) Danielis Hoffmanni Orthodoxa doctrina de exorcismo in administratione Baptismi, edita a quodam Christianae pietatis studioso. s. l. M.D.XC. 4°.

[3]) Dan. Hoffmanni orthodoxa doctrina de exorcismo in administratione Baptismi denuo edita a quodam Christianae pietatis studioso, cui accessit plana et perspicua quaestionum gravissimarum de liberis e fidelibus parentibus natis explicatio. s. l. MDLXXXXI. 4°.

qui vos conturbant. Ihm gilt der Exorcismus als ein Adiaphoron, der vom Herrn der Kirche nicht eingesetzt ist und deshalb wohl abgeschafft werden kann. Aber falsch ist die Auffassung der Anhaltiner, als ob die Kinder der Christen schon durch ihre Geburt innerhalb des Reiches Gottes ständen. Dieses geschieht erst durch die Taufe; vorher stehen sie unter der Herrschaft der Erbsünde. Der Exorcismus ist aber eine erinnernde Mahnung an die Macht der Erbsünde und die Gewalt des Teufels. Aus diesem Grunde soll man ihn beibehalten.

Auch Basilius Satler[1]) nahm an dem Streite Anteil. Durch Geburt und Erziehung ein Oberdeutscher, hatte er, noch jung an Jahren, „die weinbekränzten Berge seiner Heimat mit dem Bierlande"[2]) vertauscht. Seine Zähigkeit des Willens und seine Energie des Handelns hatten ihm schon früh die höchsten kirchlichen Ehren in der neuen Heimat erworben. Er war der oberste Generalsuperintendent des Landes, Seelsorger des Hofes und Leiter des Fürstlichen Konsistoriums. Ein streitbarer Gegner aller calvinistischen Regungen innerhalb der lutherischen Kirche, stand er jetzt auch auf Seiten der Feinde der Anhaltiner, ohne doch darum den Exorcismus, den seine Heimat nicht kannte, für einen notwendigen Bestandteil der Taufe zu halten. Er äußerte seine Meinung in einem „kurzen und einfältigen Berichte", den er 1593 als Beigabe zu der zwei Jahr vorher bei der Taufe Friedrich Ulrichs, des nachmaligen Herzogs, gehaltenen Predigt veröffentlichte.[3])

[1]) Vgl. den Artikel Basilius Satler in Bestes Kirchengesch. p. 121 ff. und Ev.-luth. Monatsblätter V. 16 ff.

[2]) Andreä sollte in Schwaben Geistliche für die Braunschweiger Kirche gewinnen, fand auch viele dazu geeignet, aber sie wollten Schwaben nicht verlassen; was die meisten zurückhielt, klagt er Chemnitz in einem Briefe: „Illis persuadere non potui, ut a vino ad cerevisiam sese paterentur vocari." Leuckfeld Antiquitates Gandershemenses p. 316. Zu den wenigen, die dem Rufe folgten, gehörte Satler. Im Braunschweigischen stand ihrer Wirksamkeit ihr Dialekt vielfach hemmend entgegen.

[3]) Der Titel lautet: Eine Christliche Predigt / gethan bey der Taufte des Durchlauchtigen / Hochgebornen Fürsten vnd Herrn / Herrn Friedrich

„Wir verdammen," so sagt Satler, „auch die nicht, die den Exorcismus sonst mit gutem Rhat und bescheidenheit fallen lassen haben oder nicht gebrauchen." Aber „man dürfe ihn nicht abthun, sonderlich jtziger Zeit, die Widersacher in jhrem falschen wahn von der Gleubigen Kinder vortheil zu stercken und die unsern zu ärgern". „Darum behalten wir jtziger zeit den Exorcismum; doch allein in dem verstande, das die einfeltigen erinnert werden dieses Jammers, das das Kind wegen der angebornen Sünde sey Geistlich unter der gewaldt und Reich des bösen Feindes, und helffe es gar nichts, das es von Gleubigen Eltern geboren, Sondern jhm sey nötig, das es durch die heilige Tauffe widergeboren werde. Sagt einer: Gott hat nicht befohlen, das man den Exorcismum sol gebrauchen. Antwort: Er hat viel dinges nicht befohlen, das wir gleichwohl inn Christlicher Freyheit zur Erbawung behalten... Sagt einer weiter. Der Exorcismus ist Papistisch. Antwort: Nicht ursprünglich; denn der Exorcismus . . . . ist etliche hundert Jahr für dem Bapsthumb gewesen. Wenn aber die Papisten auff solche dinge tringen als nötig, oder daraus einen Aberglauben machen, darin sein wir mit jhnen nicht einig. Ey, die Wort, sagt einer, sind all zu schrecklich. Antwort: Wenn man sie recht verstehet von dem angebornen Jammer der Menschen, so sein sie nicht zu schrecklich, denn der so gros ist, das er mit keinem Wort kan ausgesprochen werden . . . . Das meinet man, wenn man sagt: Fahre aus du unreiner Geist, und das wil man den umbstehenden zuverstehen geben."

Hiermit stimmt ein Ausschreiben des Konsistoriums vom 10. November 1591, in dem gewarnt wird, „das es dahin nicht verstanden werden sol, als ob der Teuffel leibhafftig in den

---

Ulrichen / Hertzogen zu Braunschweig vnd Lüneburg / etc. den 18. Aprilis. Anno 91. Darin auch Kurtzer vnd Einfeltiger Bericht gethan wird / von dem Exorcismo, so in etlichen der Augspurgischen Confession verwandten Kirchen noch behalten wird. 1593. Am Schluſs: Gedruckt zu Heinrichstadt durch Conrad Horn / Anno 1593. 4°.

Kindlein wohnete und sie leiblich besessen hätte, item als wenn das Kindt durch den Exorcismum und nicht durch die Tauff aus der Gewalt des Teuffels genommen würde, sondern das es allein sey eine erinnerung, in was grofser noth und jammer das Kindlein seiner Sünden halben stecke, worumb jm die Tauff nötig, und was durch dieselbige bei dem Kindlein ausgerichtet werde." Deshalb sollen die Prediger, so oft sie Gelegenheit haben, zumal „bey verrichtung der Heiligen Tauff", ihre „befohlene Pfarkinder mit fleis und guter bescheidenheit berichten, aus was ursachen und mit was bescheidt solcher Exorcismus bey uns behalten und gebraucht werde, und dabey die Kirchenordnung und Corpus Doctrinae in guter acht haben." [1])

[1]) Das Ausschreiben selber lautet:

Vnsere freundliche dienst zuvor / Wirdiger und Wolgelarter besonder guter Freund / Demnach jetziger Zeit etliche geferliche vnd ergerliche Disputationes / von dem Exorcismo / so bey verrichtung der Heiligen Tauff / auch bey uns nach uhraltem gebrauch der Christlichen Kirchen behalten wird / erreget worden / Vnd dann der Hochwirdig / Durchleuchtig / Hochgeborne Fürst vnd Herr / Herr Heinrich Julius / Postulirter Bischoff zu Halberstadt / vnd Hertzog zu Braunschweig vnd Lüneburg etc. vnser gnediger Fürst und Herr / vns in gnaden befohlen vnd aufferlegt / allerley mifsverstenden / Irthümben vnd ergernissen / die in diesem oder andern Hauptstücken vnser Christlichen lehr bey Predigern oder Zuhörern entstehen möchten / bey zeiten zu begegnen vnd vorzukommen, diese sache auch / worumb vnd welcher gestalt der Exorcismus als ein Adiaphoron vnd Mittelding / so in Gottes wort weder gebotten noch verbotten / bey der H. Tauff gebraucht werde / in hochermeltes vnsers gnedigen Fürsten vnd Herrn Kirchenordnung vnd Corpore Doctrinae notdürfftiglich erkleret vnd verwaret / Nemlich / das es dahin nicht verstanden werden sol / als ob der Teuffel leibhafftig in den Kindlein wohnete / und sie leiblich besessen hätte / Item / als wenn das Kindt durch den Exorcismum / vnd nicht durch die Tauff aus der Gewalt des Teuffels genommen würde / Sondern das es allein sey eine erinnerung / in was grofser noth und jammer das Kindlein seiner Sünden halben stecke / worumb jm die Tauff nötig / vnd was durch dieselbige bey dem Kindlein ausgerichtet werde / Als thun im Namen vnd an stadt hochermelts vnsers gnedigen Fürsten vnd Herrn / wir an euch gütlich begeren / vor vnser Personen freundlich bitten / jhr wöllet vorgedachter S. F. G. verordnung zuvolge / nicht allein zu zeiten in Predigten / so offt jr gelegenheit habt / sondern auch sonsten bey verrichtung der H.

Doch die Gemüter der Geistlichen und der Gemeinden scheinen sich so bald noch nicht beruhigt zu haben; denn in der Folgezeit sah sich das Konsistorium noch zweimal, am 10. November 1593 und 10. November 1613, veranlasst, Ausschreiben zu erlassen, in welchen die Prediger ermahnt werden, den Exorcismus zwar als ein Adiaphoron hinzustellen, „weil aber glaubwurdig fürkommen, das Etzliche Pastores sich unterstehen sollen, den exorcismum bei der Tauffe aufs zu lassen, dasselbe aber wider die Frl. Kirchenordnung leufft, alfs ist dahin geschlossen, das es bey der Frl. Kirchenordnung und desswegen sonderlich aussgangenen befehlig Ao. 91 den 10. 9bris verpleiben soll." [1])

Tauff / ewre befohlene Pfarkinder mit fleis vnd guter bescheidenheit berichten / aus was vrsachen , vnd mit was bescheidt solcher Exorcismus bey vns behalten vnd gebraucht werde / vnd dabey vnsere Kirchenordnung vnd Corpus Doctrinae in guter acht haben / auch weiter nicht gehen / als darin begriffen vnd vorgeschrieben / Damit den Kirchen in hochermelts vnsers gnedigen Fürsten vnd Herrn Landen nicht zugemessen werden möge / als wenn sie die Papistische Irthümb / mifsbreuch vnd aberglauben billigten / vnd doch die lehr von dem jämmerlichen Erbschaden aller Menschen / wie auch von der krafft vnd wirkung der H. Tauff / richtig vnd vnverfelschet erhalten werde! Das gereichet zu verhütung allerley mifsverstände / spaltung vnd ergernifs / zu erhaltung reiner, richtiger Lehr / vnd Christlicher Gott wolgefelliger ruhe, fried vnd einigkeit / auch hoch ermeltem vnserm gnedigen Fürsten vnd Herrn zu angenehmen gefallen / vnd wir seind euch zu dienen erpütig. Datum Wolfenbüttel / den 10. Novembris / Anno etc. 91.

Fürstliche Braunschweigische Consistoriales vnd verordnete
Kirchen Räthe.

Ein Exemplar dieses sehr seltenen in Folio gedruckten Einblattdruckes befindet sich in dem Landeshauptarchive zu Wolfenbüttel, sowie in dem Archive der Landschaft zu Braunschweig.

[1]) Die beiden Konsistorialausschreiben scheinen verloren gegangen zu sein, wenigstens sind dieselben in dem Landeshauptarchive zu Wolfenbüttel, dem Konsistorialarchive daselbst, sowie in den Archiven der Herzoglichen Kammer, der Landschaft, der Stadt Braunschweig, dem Königlichen Archive zu Hannover und der Bibliothek zu Göttingen nicht aufzufinden. In dem Konsistorialarchive zu Hannover befindet sich ein alter Quartband [Decreta singulorum conventuum], der in kurzen Auszügen eine Reihe von Konsistorialausschreiben nach ihrem Inhalte geordnet enthält. Unter dem Titel: „De baptismo" finden sich nun die

Will man nun der Tradition Glauben schenken, so ist der Hofprediger Basilius Satler in seiner Geringschätzung des Exorcismus so weit gegangen, dafs er ihn aus eigener Machtvollkommenheit bei den von ihm in der Heinrichstädtischen Kirche zu Wolfenbüttel vollzogenen Taufen trotz der entgegenstehenden Vorschrift der Kirchenordnung nicht zur Anwendung gebracht hat. Sogar bei der Taufe einer herzoglichen Prinzessin habe er die Beschwörungsformel fortgelassen und dadurch grofse Erregung am Hofe, bei der Geistlichkeit und in den Gemeinden des Landes hervorgerufen.¹)

oben zum Abdruck gebrachten Worte, die höchst wahrscheinlich einem dieser beiden Ausschreiben entlehnt sind.

1) Die erste Nachricht von dieser Weglassung des Exorcismus, welche Aufnahme in alle einschlägigen Schriften der neueren Zeit gefunden hat, bringt eine im Jahre 1657 verfafste staatsrechtliche Denkschrift des Kanzlers des Herzogs August [1635—1666], Schwarzkopf. [Nigrini, Consilium statisticum adversus clerum evangelicum, „uffgesetzet alss Hertzog Augusti zu Wolfenbuttel fürstl. Durchl. eine newe Kirchenordnung hat verfassen lassen." Abschrift in der Registratur des Königlichen Konsistoriums zu Hannover, mit anderen Akten in einen Folianten zusammengebunden, abgedruckt als „des Cantzlers Schwartzkopff zu Braunschweig Bedencken von Einrichtung des Juris circa sacra" bei Thomasius in „Ernsthaffte, aber doch Muntere und Vernünfftige Thomasische Gedancken und Errinnerungen über allerhand ausserlesene juristische Händel. Halle 1720. - II. 340 ff.]

Hier heifst es: „Der Exorcismus, ob er zwar an ihm selbst ein Mittelding, war dennoch wider die deutliche Verordnung der Kirchen-Ordnung bey allen Tauffen, so der Generalissimus in der Heinrichstädtschen Kirchen verrichtet, blofs de facto aus eigener Bewegnifs und angenommener Macht abgestellet, so gar auch in Gegenwart S. F. Gnaden Gemahlin, der gesamten jungen Herrschaft, Fräulein, aller Räthe, Cantzley und Bedienten bei der Tauffe Sereniss. Hertzogen Rudolph Augusti Fürstl. G. Eltesten Fräuleins unterlassen, zu S. F. G. hohen Betrübniss und Bestürtzung."

Es ist ganz unmöglich, dafs dieser Vorfall bei der Taufe einer Tochter des Herzogs Rudolf August [1666—1704] geschehen ist; denn dieser Fürst ist erst 1627, also 3 Jahre nach Satlers Tode geboren. Einen andern Herzog gleiches Namens hat es in Wolfenbüttel nicht gegeben.

Die Denkschrift selber, welche 33 Jahre nach Satlers Tode verfafst ist, ergiebt sich als eine Tendenzschrift, die die fürstliche Allgewalt auch in kirchlichen und geistlichen Dingen auf Kosten der Vergangenheit

Diese Nachricht ist wenig glaubwürdig. Sie gründet sich auf eine späte und nicht unverdächtige Quelle. Die Zeitgenossen erzählen nichts von solchen Fortlassungen. Im Gegenteil weifs ein fremder Taufgast bei der 1592 in Wolfenbüttel gefeierten Taufe der Prinzessin Sophie Hedwig, der späteren Gemahlin des Grafen Kasimir von Nassau-Dietz, über die Taufrede des Basilius zu berichten: „Es hat der dortige Hofprediger seltsame Possen vorgebracht, denn er das exorcismum ein pertinentz der Tauffe genannt."[1]
Allerdings hat ja Basilius Satler infolge seiner Herkunft aus Oberdeutschland dem Brauche des Exorcismus frei gegenüber gestanden, er hat ihn stets für eine Ceremonie gehalten, die füglich fortgelassen werden könnte, wie andere Ceremonien; aber in seiner Thätigkeit als Geistlicher des fürstlichen Hofes wird er ihn nicht fortgelassen haben. Das läfst sich leicht aus seinen Schriften nachweisen. Bei der Taufe des Herzogs Friedrich Ulrich hat er für den Brauch ein Wort eingelegt[2]), und im Jahre 1604 beklagt er sich bitter, dafs es nun vieler Orten in Deutschland, so weit gekommen sei, „dafs man alle alte Ceremonien endere und die Fest auffhebe, bey der Tauff ja keinen exorcismum brauche, wenn mans schon Christlich erkläret, dafs ein Mensch von Natur ein Kind des Zorns, und unter dem Reich der Finsterniss sey, aber durch die Tauff new geborn und in das Reich Jesu Christi versetzt werde."[3]) Und im Jahre 1616 giebt er auf die Frage: „Warumb behelt man in unsern Kirchen bey der Tauffe den Exorcismum?" die Antwort: „Weil solches lang für 1300 Jahren in der Kirchen gebreuchlich gewesen, dafs

---

lebhaft verteidigt und insbesondere Satler keine vorurteilslose Würdigung zu teil werden läfst.

[1]) Vgl. Havemann. Geschichte der Lande Braunschweig und Lüneburg III. pag. 25.

[2]) Vgl. die pag. 32, Anm. 3 erwähnte Taufrede für Friedrich Ulrich vom 13. April 1591.

[3]) In einem Gebetbuche „gedruckt zu Helmstadt durch Jacobum Lucium 1604." 8°. Vorrede Bjj. Da das Titelblatt in dem der städtischen Bibliothek zu Braunschweig gehörigem Exemplare dieses Buches fehlt, ist es mir nicht möglich den Titel genauer anzugeben.

wir die umbstehenden erinnern, in was Jammer und Noth ein Kindt oder Mensch, wie er von Vater und Mutter geboren ist, stecke," und „was GOTT durch die heilige Tauffe ausrichte, nemblich dafs er mit uns armen verdampten Sündern einen Bundt mache, vergebe uns die Sünde und mache uns selig." [1])

Ferner ist zu bedenken, dafs das Konsistorium, dessen leitendes Mitglied Satler war, die Prediger, wie wir oben gesehen haben, wiederholt daran erinnert, den Exorcismus im richtigen Sinne zu gebrauchen, ihn aber nicht eigenmächtig fortzulassen, und bei den Kirchenvisitationen sollte stets der Prediger gefragt werden, „ob er auch den exorcismum bey der Tauffe behalte vermöge des Mandats Ao. 91 den 10. Novembris." [2])

Endlich rühmt Satlers Nachfolger Tuckermann von ihm, „er sey ein Feind aller Newerungen und singularitcten gewesen", ohne dabei die Weglassung des Exorcismus bei der Taufe zu erwähnen. [3])

Mufs es hiernach als höchst unwahrscheinlich erscheinen, dafs Basilius Satler den Exorcismus bei der Taufe jemals weggelassen hat, so ist es geradezu unrichtig, wenn behauptet wird, er sei um diese Weglassung willen mit den Helmstedter Professoren, an deren Spitze damals Daniel Hofmann stand, in Streit geraten. Beide Männer haben allerdings gegen einander heftig in Fehde gelegen, und die Frage, um die es sich dabei handelte, betraf die Taufe; aber

---

[1]) Christlicher und gar einfeltiger Bericht / 1. Von dem H. Nachtmahl. 2. Von der Majestet Christi. 3. Von der heiligen Tauffe. 4. Von der ewigen Gnadenwahl. 5. Von etlichen alten Ceremonien / so noch in des Augspurgischen Confession Verwandten Gliedern geblieben sind. Gestellet durch Basilium Sattler D. Hoffpredigern zu Wolffenbüttel. Gedruckt im Jahr / 1616. 8°. S. L. Ojj.

[2]) Aus dem „Directorium Visitationis. Anno 1606. Verzeichnusse, worauff sonderlich nachfrage geschehen soll in der Special Visitation." Handschriftlich in dem S. 36, A. 1 erwähnten Sammelbande des Konsistorialarchivs zu Hannover.

[3]) P. Tuckermann, Leichpredigt beym Begräbnis ... Bas. Satlers. Wolfenbüttel 1624. 4°.

die Teufelsbeschwörung hatte nichts damit zu thun. Zur Klarstellung der Sache wird es zweckmäfsig sein, auf diesen Streit, der vielfach verkehrt dargestellt worden ist, an der Hand eines bisher noch nicht ausgenutzten Aktenmaterials etwas näher einzugehen.[1]
Die Veranlassung des Streites war folgende. Am 3. Mai 1591 hatte der Hofprediger Basilius Satler für die kurze Zeit nach der Geburt verstorbene Prinzessin Katharina Sabina[2] eine Leichenpredigt über Marc. 10, 13 ff. gehalten.[3] Da die

[1] Die Geschichte dieses Streites, dessen Akten sich im Landeshauptarchiv und im Konsistorialarchiv zu Wolfenbüttel befinden, ist bislang nicht bekannt, nur Rehtmeyer hat seiner Zeit in den „Unschuldigen Nachrichten" etwas darüber veröffentlicht, allerdings in der irrigen Meinung, dafs der Streit am Anfang des XVII. Jahrhunderts innerhalb der Helmstedter Fakultät stattgefunden habe. Vgl. Nachricht von Basilii Sattleri Controversie mit den übrigen Helmstädtischen Theologis von den getaufften Kindern, in den Unschuldigen Nachrichten von Alten und Neuen theologischen Sachen etc. Leipzig 1705. pag. 135 ff. Ferner Rehtmeyer, der Stadt Braunschweig Kirchen-Historie. Braunschweig. 1715. IV, 193 f. Schlegel hat diesen Streit irrtümlicher Weise mit den Bewegungen, die im Lande wegen des Exorcismus entstanden waren, und mit der Nachricht von der Fortlassung des Exorcismus durch Basilius Satler vermengt. (Schlegel, Kirchen- und Reformationsgeschichte von Norddeutschland und den Hannoverschen Staaten. Hannover 1829. Teil II. 350 ff.) Neuere Forscher haben seine Angaben dann weiter verbreitet, so Henke, Georg Calixt und seine Zeit. Halle 1853. I. 68; Beste, Kirchengeschichte, S. 128 und 158.

[2] Sabina Katharina war eine Grofstochter des Herzogs Julius. Das Nähere ergiebt folgender Stammbaum, welchen ich der Güte des Herrn Archivar Dr. Zimmermann in Wolfenbüttel verdanke.

Julius,
Herz. z. Br. u. Lün.
10/11 1582. |

Franz II., Herzog           Marie
von Sachsen-Lauenburg,   † 13. Aug. 1626.
† 2. Juli 1619.

Sabina Katharina.
geb. 1. Mai 1591.
† 2. Mai 1591.

[3] Eine christliche Predigt / Gethan bey der Begrebnus der Durchleuchtigen Hochgebornen Fürstin unnd Frewlein / Frewlein Sa-

Predigt im Druck erscheinen sollte, so hatte er dieselbe, weil die theologischen Schriften vor ihrem Erscheinen der Censur der theologischen Fakultät zu Helmstedt unterworfen waren[1]), dorthin gesandt. Die Helmstedter hielten nun Basilius Satler in ihrer Antwort vor, dafs seine Predigt „zum Teil papistisch, zum teil sacramentirisch" sei, denn „er wolle ein unterscheidt machen under den kindern und alten, dadurch, dafs er die ungetauften kinder selig spreche; denn wenn man auch an den kindern keine grobe wirkliche sünde sehe, so seien sie derohalben nicht geschickter alfs die alten; denn sonst müfse die tauffe in den kindern necessario wirken und opus operatum sein. Man müfse ferner die eltern ermahnen, dafs sie vor ihre getaufften oder durch das gebet vorgetragene gestorbene Kinder wol hoffen dürfften, aber dafs diese Hoffnung nicht gewifs sei; das müsse man dem verborgenen rath Gottes anheim stellen."[2])

Es entstand nun ein lebhafter Schriftwechsel. Satler verteidigte sich, die Helmstedter blieben bei ihrer Meinung. In Kirchen und Hörsälen hörte man die Irrungen und Fehler der Gegner vortragen. Lehrstuhl und Kanzel dienten den Parteien zur Erweisung ihres Rechtes. Und obwohl Lehrstreitigkeiten durch herzoglichen Befehl verboten waren, so war die Sache bald „kein heimblich werk" mehr, sondern „schrifftlich und mundlich in und aus des Herzogs Hofflager gesprenget und schon in etzliche Fürsten-

---

bina Catharina / Hertzogin zu Sachsen / Engern und Westphalen / den 3. Maij Anno 1591. Durch Basilium Satler / Braunschweigischen Hoffprediger zu Wolffenbüttel. Helmstadt / Gedruckt durch Jacobum Lucium / 1593. 4°.

[1]) Vgl. Henke, Calixt und seine Zeit. Teil I, 27. Daniel Hofmann war damals Dekan der theologischen Fakultät.

[2]) „Der theologen ju helmstedt bedengken und censur uf D. Bas. predigt", enthalten im „Protocollum bey und zu verhörung dero zwischen D. Daniel Hofmann und D. Basilius Satlern über dem Articul von der Tauff Irrungen." Das Manuskript sowie die anderen Akten dieses Streites befinden sich im Herzogl. Landes-Haupt-Archiv unter Landesverwaltung bis a. 1660. Religionssachen XVI.

tum zu grofsem unglimpf erschollen".¹) Da sandte der Herzog Heinrich Julius ein Inhibitionsschreiben, „dafs die Helmstedter mit Ehrn D. Bas. Satlern wegen der heiligen Tauff nicht mehr schrifft wechseln, auch nichts von den hendeln spargiren, sondern bifs auf S. Fl. Gn. bescheidt gentzlich inhalten solten."²) In ihrer Antwort an den Herzog bittet die theologische Fakultät, die Sache doch untersuchen zu lassen, „wenn es, wie die sage gehet, ad Visitationem Academiae komme". „Redliche Leute werden uns als den erst hören, nicht aber stracks urteilen", und „weil die sachen so weit aufsgebreitet und bei unserm stillschweigen noch gefehrlicher werden, als bitten wir unterthenig, E. Fl. Gn. wollen uns mit dem silentio lenger nicht drücken lassen. sondern umb des lieben Jesuleins willen, dardurch E. Fl. Gn. hoffen seelich zu werden, uns zum fröhlichen neuen Jahr diese wolthat widerfahren lassen, das E. Fl. Gn. vor Ihre Fürstliche Person, oder wen E. Fl. Gn. darzu zihen wollen, den grundt selbst von uns und unserm gegenteil einnehmen. ehe dieselbe unwissend wider Ihr höchstes Kleinoth, das Fürstliche Corpus Doctrinae, angeführt werde."¹⁾ Denn dasjenige, was man Basilius Satler vorgehalten, eben das hätten hochgelehrte Leute in Tübingen gelehrt. Darin lag aber ein schwerer Vorwurf; denn zwischen Tübingen und der braunschweigischen Kirche bestand ein lebhafter Gegensatz, seitdem die Konkordienformel, das Werk des Tübingers Andreae, im Braunschweiger Lande in Fortfall gekommen war, und der verstorbene Herzog Julius hatte die Einwände seiner Professoren gegen die alten Freunde in Schwaben wegen der Ubiquität etc. nicht ungern gesehen.

Trotz des Verbotes des Herzogs ruhte der Streit nicht.

---

¹) Schreiben der theologischen Fakultät an den Herzog Heinrich Julius. Helmstedt, den 3. Jan. 1592. Der Brief befindet sich im Landes-Haupt-Archiv.

²) Das Inhibitionsschreiben ist nicht mehr vorhanden; man kann jedoch seinen Inhalt leicht aus dem Antwortschreiben der theologischen Fakultät vom 3. Jan. 1592 erkennen.

Am 15. Jan. und 20. April meldete Hofmann dem Herzoge,[1] „dafs in Deutschland eine gefehrliche theologische Liga vorhanden wäre, eben die Tübinger Schule, die gegen die reine evangelische Wahrheit sich verbunden habe, darin die Fürsten Augsburg. Confession zu der Theologen mancipia gemacht würden." Dazu gehörten auch manche Leute des Herzogtums, und er selber habe erfahren, „dafs B. Satler vielen groben und E. Fl. Gnaden corpori doctrinae stracks entgegen gesetzten Irrthumen der liga hefftig nachhenge."

Bald wurden dann die Gegner aufgefordert, am 15. Juni in Wolfenbüttel vor dem Konsistorium zu erscheinen „und hier verhör und billigkeit zu erwarten". In Hofmanns Antwort an den Herzog vom 7. Juni heifst es: Der Streit sei eigentlich Fakultätssache; „jedoch weil ich gedachter Facultet membrum bin, bin ich redt und antwort schuldig." Der Streit sei durchaus nicht unbedeutend; „denn ich bin gewifs, dafs ufl' keinem Universali Concilio, welche die alten Kayser gehalten, ein solcher wust Irrtume und schwermerey vorkommen ist", wie er bei seinem Gegner anzeigen wolle.[2]

Der Herzog selbst hatte dem Verhöre beiwohnen wollen, wurde jedoch durch ein Familienfest noch in letzter Stunde ferngehalten. Den Vorsitz in der 2 Tage dauernden Verhandlung[3] führte des Herzogs Kanzler Jagemann. Man beschlofs zuerst die Anschuldigung Hofmanns wegen der Liga, dann erst die Angelegenheit wegen der Taufe und die anderen Streitpunkte auf die Tagesordnung zu setzen.

Sodann verlas Daniel Hofmann eine mehrstündige geschriebene Rede, „was D. Daniel zu papier gebracht." Grofs war das Staunen im Konsistorium über solch eine Fülle von Gelehrsamkeit. Der Kanzler meinte, „das seine rede so viel unzehlige copia in sich halte, dafs es dem erfarensten Theologen behendiglich zu judicieren unmeglich". Er solle

---

[1] Die Schreiben befinden sich im Landes-Haupt-Archiv.
[2] Brief im Landes-Haupt-Archiv.
[3] Das Protokoll dieser Sitzung befindet sich in den Sitzungsberichten des Konsistoriums de 1592. Handschriftlich im Archiv des Herzogl. Konsistoriums zu Wolfenbüttel.

die Rede „Illustrissimo übergeben, so könne man das vornehmbste daraus ziehen und bedengken". Die anderen Räte aber meinten. „es sei Hofmann so hoch nicht zu verdenken, dafs er vor die gefahr wache", „ehr wäre ein theologus sollicitus", und „Princeps würde sich gern den fleifs gefallen lassen." „Er habe grofsen fleifs aufgewandt, und es were nicht unrecht, dafs es der jugendt zu gute ediret würde, damit sie gewarnet würde."

Selbst sein Gegner mufs bekennen, „dafs ehr den zehnten teil dieser sach nicht hab einnehmen können; wenn ehr es hette thun sollen, so hette ehr krank im kopf werden müssen." Er wünscht aufserdem von der Beantwortung und Verteidigung der Angelegenheit vor dem Konsistorium entbunden zu sein; denn „dafs er solle auf diese ding ex tempore antworten, das sei ihm unmeglich, habe solche facundiam nicht und sei etwas kurtz angebunden, wenn er solle colloquiren; in schrifften aber könne er sich mefsigen." Obwohl er wenig Neigung zu haben schien, sich mit dem gelehrten Mann auf einen Kampf einzulassen, so gab er doch der Aufforderung des Kanzlers nach, „sich eines anderen zu bedengken und den unglimpf nicht auf sich ersitzen zu lassen", denn „es würde Illustrissimo ein seltzam ansicht geben, wenn er sich Colloquirens weigere."

Doch das Konsistorium hält sich nicht für kompetent über den Streit der beiden angesehenen Männer ein Urteil zu fällen, deshalb solle eine öffentliche Disputation vor grofsen und gelehrten Herren veranstaltet und dort dann der endgültige Entscheid gegeben werden. Bis dahin möchten die beiden Gegner darüber nachdenken, „wie den sachen zu helfen". Aufserdem solle das Stück des Corpus Julium, welches von der Taufe handelte, besonders gedruckt werden,[1]) damit

---

[1]) Christlicher anmutiger unterricht von den Kindern der Gleubigen / Von dem Exorcismo / vnd von der Krafft der heiligen Tauffe / Aufs dem fürstlichen Braunschweigischen und Lüneburgischen Corpore doctrinae, Von wort zu wort nachgedruckt. Helmstedt 1591. Ein Exemplar befindet sich auf der städtischen Bibliothek zu Braunschweig. Merkwürdiger Weise findet sich am Schlusse der Schrift ein Abdruck aus

die Prediger und die Gemeinden die wahre Tauflehre erkennten; "denn das ganze Corpus zu kaufen, das werde ihnen etwas kosten; die prediger haben nicht alle gleich viel geldt, und seien scripta darin, so sie albereit haben, die dürfften sie nicht noch einmal kaufen".

Am 2., 3., 4. und 5. November fand dann zu Wolfenbüttel unter Vorsitz des Herzogs Heinrich Julius und im Beisein des Statthalters des Landes, Graf Wolfgang Ernst von Stolberg, der Prälaten, der Mitglieder des vornehmsten Landadels, sowie einer Anzahl Theologen und Rechtsgelehrten das grofse Colloquium statt[1]).

Die Stimmung war für Hofmann wesentlich ungünstiger als im Juni. Der Hofprediger und der Kanzler schienen sich gegenseitig wieder näher getreten zu sein. Ein besonderes Trostschreiben Satlers an Jagemann wegen des Todes seines Vaters war ein äufseres Zeichen dafür[2]). Damals hatte man Hofmanns Fleifs, seiner Achtsamkeit und seiner Gelehrsamkeit grofses Lob gezollt. Jetzt meinte man, "dafs Basilii predigt nicht allein wider die pforten der hell bestehen würde." An Hofmann dagegen wufsten Kanzler und Räte sehr viel auszusetzen. „Man wolle ihn", so heifst es, „erinnert haben, dafs ehr seiner profefsion warte". „Man höre, es solle des dings in privatis colloquiis und disputationibus kein end sein." „Es werde die jugendt darüber geergert, das sei der christlichen Liebe zuwider. Illustrissimus solle D. Daniel silentium imponiren"; „ja der streit sei erreget aus lauter ehrgeiz, neidt und hafs, denn alfs D. Basilii hofprediger worden,

---

der Konkordienformel, soweit sie diesen Gegenstand berührt, obgleich dieselbe doch im Lande keine symbolische Geltung besafs und hier vielfache Anfeindungen erfahren hatte.

[1]) Das doppelt geführte Sitzungs-Protokoll befindet sich im Landeshauptarchiv zu Wolfenbüttel. Der Titel des einen lautet: „Protocollum bei und zu verhörung dero zwischen D. Daniel Hofmann u. D. Basilio Satlern über dem Articul von der heiligen Tauff Irrungen; den 2. 3. 4, u. 5. novembris 92. durch Joannem Molinum gehalten." Dem Molinus hatten schon seit dem 17. Jan. 1580 alle Expeditionen und die mühsamen Relationsprotokolle des Konsistoriums obgelegen.

[2]) Vgl. Henke, Calixt und seine Zeit I, 68 Anm. 3.

alfs ehr Doctor worden, alfs er im Calenbergischen Fürstenthumb[1]) visitiret, da hab der andere gemeint und geeifert, ehr sei ausgeschlofsen." Die von Hofmann vorgebrachten Gründe seien zum Teil calvinisch, und „wer wider die Calvinisten rede, dem widerspreche er." Ja Satler gab offen zu, „er sei das gestendig, dafs er diesen streit veranlafst habe, und das darumb, weil ehr gemerkt, dafs man zu Helmstedt calvinische meinung dictirt." Doch gelang es endlich einen Vergleich zwischen den streitenden Männern herbeizuführen und dadurch dem unerquicklichen Hader ein Ende zu setzen.

Man einigte sich über die wichtigsten dogmatischen Grundfragen, man beschlofs, alles, „was bey oberwehnter Leichpredigt disputirlich pro et contra erreget worden, genzlich einzustellen, mit einander in Frieden zu leben und in Zukunft alles Irrige und verdechtige nicht alsbald auff die Cantzel oder in die Lectiones zu bringen, noch sonsten zu divulgieren." Der Abschied[2]) wurde sowohl von Hofmann

---

[1]) Kalenberg gehörte damals zu Braunschweig-Wolfenbüttel.
[2]) Vgl. Schlegel, Kirchen- und Reformationsgeschichte II, 350. Der Abschied selber befindet sich abschriftlich im Liber decanalis fac. theol. Helmst. im Landeshauptarchiv zu Wolfenbüttel unter der Überschrift: „Abscheid De Baptismo inter D. Hofmannum et D. Basilium." Derselbe lautet:

„Zuowissen, als sich zwischen den ehrwirdigen und hochgelarten, Ehrn Danieln Hoffmann, der fürstlichen Julius Universitet zu Helmstedt professorn. et Consorten, eins, unnd Ehrn Basilio Satlern, fürstlichen Braunschweigischen Hoffpredigern alhier, anderstheils, beiderseits der h. schrifft doctorn, wegen einer bey des jungen frewleins Sabinae Catharinae zuo Sachsen etc. gehaltenen Leichpredig der Kinder-Tauff halben Irrung und misverstände zuogetragen: dz dieselbige von dem hochwirdigen, durchleichtigen, hochgebornen fürsten und hern, hern Heinrichen Julio, postulierten bischoff zuo Halberstadt unnd Herzogen zuo Braunschweig und Lunenburg etc. nach gehabtem reiffem Raht s. f. g. praelaten, Landsassen, geistlichen und politischen Rähten, aus Landts fürstlicher hoher obrigkeit aufgehoben, und die sache dahin verabscheidet worden:

Dz gemelte Leichpredig, wie die iezo von s. f. g. underschryben ist, zuo Helmstedt getruckt, auch weil bede theil einmietiglich bekennen, dz alle getauffte Kinder durch die Tauff effective widergeborn, gleubig und selig werden, darzuo den h. geist durch die sünde nicht

als von Satler unterschrieben, und es ward ferner beschlossen, dafs die Predigt, welche zur Ursache des Streites geworden war, gedruckt und samt dem Abschiede an die wie die alten, verliehren, auch wann dieselbe in der kindtheit verstorben, vor selige und erben des Reichs gottes gewislich zuoachten, unnd in christlicher einfalt der verborgene Raht gottes hierinnen billich beseits (sic!) zuosetzen, noch die krafft der Tauff auff die praedestination zuogründen, welches alles dann dero nu mehr ettliche unnd zwantzig jar hero in disem fürstenthumb gefürten Lehr gemefs ist. Dz demnach, wz bey oberwenter Leichpredig von beiden theilen disputierlich pro et contra erreget worden, genzlich eingestellet, und es dises, wie auch aller andern Religion puncten halber, bey diser Nidersächsischen Kirchen alhier anno der weniger zaal 71 getruckten bekentnus und dem Corpore doctrinae Julio, dessen kein theil zuo seinem ungleichen Intent misbrauchen, noch dz impertinenter vil weniger mutilate oder sonsten zur ungebhür vor sich allegieren soll, durchaus gelassen werden, sie auch bederseits demselbigen gemefs zuolehren und dero darinn befindtlichen rede und wörter sich zuo befleifsigen, aber widriger Lehre, rede und wörter zuoeufsern, auch aller Newerunge und onnöttigen gezäncks, desgleichen alles verfhurischen argwohns sich zuoenthalten, noch ongewissem geschrey oder jedermans anbringen nicht so leichtlich zuogleuben, sondern, wann einer je an dem andern mit gutten onfeilbaren grunde nnd bestande wz Irriges oder verdechtiges, noch iezo oder künfftiglich spüren wurdet, solches nicht alsbald auff die Cantzel oder in die Lectiones zuobringen, noch sonsten in andere wege zuo divulgieren, sondern ihme in geheim wolmeintlich vorzuohalten und dauon mit ihme (weil sie es auf den generalibus consistoriis, so unter andern fürnemlich darnmb, wie solchen unnd dergleichen streitten vorzuobawen, gehalten werden, und also zum wenigsten viermaln des jars zuosammen kommen) brüderlich zuo conferieren, oder, da es vergeblich, dasselbige hochgedachtem fürsten oder s. f. g. geistlichen consistorio, darin ferner der gebühr zuoverfahren, bescheidenlich zuoentdecken schuldig: Jedoch ihme in solchen streittigen puncten, vor entlicher entscheidunge der sachen vor sich oder durch andere, einen anhang, und seinen gegentheil mit kezerischen oder andern verdechtigen namen bey den Leuthen verhasst zuomachen, nicht befügt, oder vilgedachts fürsten ungnad und unnachlesslicher straff gewärtig sein sollen. Dessen zuo uhrkundt ist diser abscheid unter mehr hochgedachtes fürsten handtzeichen und fürstlichen braunschweigischen Consistorial secret geduppelt vorfertiget und iedem theil einer, sich darnach haben zuorichten, zuogestellt worden. Geschehen zuo Wulffenbütel den 4. novembris anno 1592."

Dieser Abschied musste noch länger als 20 Jahre hindurch von den theologischen Professoren bei ihrer Anstellung unterschrieben werden.

Superintendenten des Landes gesandt werden sollte, damit sie und ihre Prediger sich „darnach richten und erwehnten Abscheidt zuwieder von diesem artickel nicht reden oder disputiren". Am 2. Februar des folgenden Jahres führte das Konsistorium diesen Beschluſs aus.[1]) So endete der Taufstreit zwischen Satler und Hofmann. Vom Exorcismus ist dabei überhaupt nicht die Rede gewesen. Über ihn hatten ja auch die Gegner im wesentlichen die gleiche Ansicht. Derselbe kam in der braunschweigischen

---

[1]) Fürstlicher Abscheidt inter Doctores theologiae Danielum Hoffmanuum et Basilium Satlerum de effectu Baptismi.

Unsere freundliche dienst zuvor, wirdiger und wollgelarter, besonders gutter freundt, wir machen unss keinen zweiffel, es werde so woll bei Euch, alss Euren unter gesetzten pastoribus erschollen sein, dass unlängster Zeitt zwischen dem Ehrwürdigen und hochgelarten Unsers gnedigen fürsten und herrn Kirchen Rehten. Hoffpredigern und professore in S. f. g. Julius Universitet zu Helmstadt, Ehrn Danieln Hoffmann und Ern Basilio Satlern, beide der heiligen schrifft Doctorn, über einer von letzt gedachtem D. Basilio bey einer fürstlichen begrebniss gehaltenem leichpredigt den Artikel von der heiligen Tauff betreffendt etwass Missverstandt eingefallen. Wan nuhn derselbige von Unserm gnedigen fursten und herrn uff Christliche und pilliche wege auss Gottes Wordt, dem Corpore Doctrinae Julio und der Niedersechsischen Kirchen Anno 71. aussgangenen bekendtniss entschieden und beygeleget ist, so haben s. f. g. eine Notturfft zu sein erachtet, ob etwa Ihr oder Jemandt von curen unter gesetzten Predigern durch solche disputation irr gemacht oder geergert worden were, euch und sie, uff wass wege dieselbige decidiret und uffgehoben seien, verstendigen zulassen; thun demnach auss sonderbahren s. f. g. bevehl wir euch hierbey sowoll den gemelter sachen gegebenen abschiedt, alss die erwendte predigt gedruckt hieneben zu schicken und in Nahmen und anstadt s. f. g. ihnen ufflegen, das in erclerung obgedachts Artickels sie, wie auch ihr selbst, sich darnach richten und erwehnten Abscheidt zuwieder von diesem artikel nicht reden oder disputiren; darnach geschicht hoch ermeltes unsers gnedigen fürsten und hern zuverlessiger, ernster wille und meinung.

Datum Wulffenbuttel, den 2. Februario Anno 93.
Fürstliche Braunschweigische Consistoriales und verordnete Kirchen Rhäte.

Henricus Petreus.

Handschriftlich im Konsistorialarchiv zu Hannover, in dem bereits oben S. 35, Anm. 1 erwähnten Quartbande „Decreta singulorum conventuum."

Landeskirche nach wie vor zur Anwendung. Auch in dem Neudruck der Kirchenordnung, den Friedrich Ulrich im Jahre 1615 veranstalten liefs, hat die ganze Taufordnung die Form behalten, welche die Kirchenordnung des Herzogs Julius vorschreibt.

Bald brausten dann die verheerenden Wogen des dreifsigjährigen Krieges auch über das Land Braunschweig; das Kirchenwesen verfiel, und erst unter dem weisen Scepter Augusts des Jüngeren kamen bessere Tage für Kirche und Land. Eine neue Kirchenordnung sollte die Verhältnisse neu regeln. Doch nur die Agende[1]) erschien im Jahre 1657, „wy es mit den Ceremonien oder ritibus in den Kirchen zu halten." Der Exorcismus ist beibehalten; doch wird dabei bemerkt: „dy Prediger sollen das Volk zu Zeiten in der Predigt erinnern, dass derselbige nicht also verstanden werde, als ob der Teufel leibhaftig in den Kindern wonete und sy leiblich besessen hätte, oder als wan das Kind durch den Exorcismum, und nicht durch dy Tauffe aus der Gewalt des Teuffels genommen würde, sondern dass es alleine sey eine Erinnerung, in was grofser Noot und Jammer das Kindlein seiner Sünden halber stekke, worüm ym die Tauffe nötig, und was durch dieselbige bei dem Kindlein ausgerichtet werde. Und demnach es nach den Worten Lutheri kein Scherz ist, bey der Tauffe wider den Teuffel zu handeln und dem Kindlein solchen mächtigen Feind sein Lebenlang auf den Hals zuladen, — so sollen dy Pfar-Herren sich unter andern auch dieser Ursache halber äufserst für gottlosem Läben und der Trunkkenheit hüten, und keineswegs bey hoher swerer Straffe trunkkener Weise dy Tauffe verrichten."[2])

Doch die Tage der Beibehaltung des Exorcismus waren

---

[1]) Agenda oder: Erster Teyl der Kirchen-Ordnung / Unser von Gottes Gnaden Augusti, Herzogen zu Bruns-Wyk und Lünä-Burg. Wy es mit den Ceremonien / auch andern nootwendigen Sachen und Verrichtungen in den Kirchen Unserer Fürstentume Graf-Herrschaften und Landen zu halten. Wolfen-Büttel. 1657.

[2]) pag. 57 f.

gezählt. Als im Jahre 1709 die Kirchenordnung [1]) des Herzogs Anton Ulrich erschien, kam derselbe einfach in Fortfall. Die Kirchenordnung erwähnt ihn überhaupt nicht; jedoch heifst es in dem sogenannten Extrakte der erneuten Fürstlichen Kirchenordnung, der an die Prediger des Landes versandt wurde, um von den Kanzeln verlesen zu werden: „Weil auch bishero an dem in denen Kirchen hiesiges Landes bey der Tauff gebräuchlich gewesenen Exorcismus oder Beschwerung sich viele aus Unverstande und ermangelnden genugsahmen Unterricht geärgert, so ist gut befunden worden, solche Beschwerung hinführo bey der Tauffe zu unterlassen, und selbige in ein erbauliches Gebet zu verfassen. Gestalt denn also, dass solches kein zur Tauffe gehörendes nohtwendiges Stück sey, auch von allen reinen Evangelischen Theologis solches gelehret werde, hiermit jedermann kund gemacht wird." [2])

Auf Widerstand scheint diese Abschaffung nicht gestofsen zu sein; nur das geistliche Ministerium in Braunschweig, das nach Erscheinen der neuen Kirchenordnung eine Reihe von „Monita" aufgestellt und nach Wolfenbüttel gesandt hatte, hat ein Wort für Beibehaltung des alten Brauches eingelegt, worauf das Konsistorium in einer „fürstlichen Declaration über etliche dubia in der neuen Kirchenordnung" am 20. Nov. 1709 erwiderte:

„Wegen des Exorcismi lassen Ihre Durchlaucht es ebenfals bey der in der erneuerten Kirchenordnung nach reiffer überlegung gemachten disposition, und haben sich die prediger zu Braunschweig darnach gebührend zu achten, ihre gemeinden aber fleifsig zu informiren, dass der vormals zu vieler leute anstos gebreuchliche Exorcismus kein Essentialstücke der Tauffe sey, gestalt es denn auch dieserhalb an einer öffentlich abzulesenden specialverordnung nicht ermangeln sol." [3])

---
[1]) Erneuerte Kirchen-Ordnung Unser von Gottes Gnaden Anthon Ulrichs Hertzogen zu Braunschweig und Lüneburg. Braunschweig 1709.
[2]) Exemplar in dem Konsistorialarchiv zu Wolfenbüttel.
[3]) Handschriftlich in den „Acta Colloquiorum Rev. Ministerii Brunsv. ab a. 1607 usque ad annum 1721." pag. 583. Braunschweiger Stadtarchiv.

Ob diese Specialordnung wirklich erschienen ist, oder ob damit der Extrakt der Kirchenordnung gemeint ist, vermag der Verfasser nicht zu entscheiden. Jedenfalls ist der Widerspruch der braunschweigischen Stadtgeistlichen bald verstummt. Auch in der späteren Zeit hat sich innerhalb des Herzogtums keine Stimme vernehmen lassen, die die Teufelsaustreibung und Teufelsbeschwörung in das Taufformular unserer Landeskirche zurückzuführen ernstlich versucht hätte.

# Lebenslauf.

Ernst August Friedrich Theodor Koldewey wurde zu Wolfenbüttel am 6. März 1866 als Sohn des jetzigen Gymnasialdirektors Prof. D. Dr. Koldewey zu Braunschweig und dessen Ehefrau Adelheid geb. Pauli geboren. Von Ostern 1875 bis Michaelis 1885 besuchte derselbe die Gymnasien zu Wolfenbüttel, Holzminden und Braunschweig und ging nach bestandenem Abiturientenexamen nach Göttingen und Jena, um Theologie und Philosophie zu studieren. Im Herbst 1888 und Weihnachten 1890 bestand er dann seine beiden theologischen Prüfungen und im Juni 1892 die Prüfung für Lehrer an Seminarien und höheren Bürgerschulen. Nachdem derselbe vom 1. Oktober 1888 bis 30. September 1889 seiner Militärpflicht genügt hatte, wurde er im Oktober wissenschaftlicher Hülfslehrer an der Höheren Bürgerschule zu Stadtoldendorf. Am Januar 1891 wurde er zum Rektor der Bürgerschule zu Königslutter ernannt.